池田敏之 著

御《ご》府《ふ》内《ない》八十八ヶ所霊場ウォーク

大塚忠克 監修
東京都ウオーキング協会会長

芙蓉書房出版

まえがき

東京都ウオーキング協会の「御府内八十八ヶ所霊場巡り」は今年で十五回目になるが、私が初めて参加したのは平成二十三年の第八回目である。四国八十八ヶ所を巡るのは大変なので、同じ御利益が東京で得られるのであればという軽い気持ちで参加した。以来、毎年欠かさず参加している。

一月から十一月までの毎月第四水曜日に約二〇キロ、九回に分けて八十八ヶ寺を歩く。七、八月は暑さが厳しいのでお休みになる。これを毎年繰り返している。

冬の寒い時期に始まり、穏やかな春には美しい桜に癒やされ、初夏の暑さに苦しめられながら、晩秋の紅葉の落ち着きの中で結願の日を迎える。一年間の努力が実り大願成就の喜びに充実した気持ちになる。

御府内八十八ヶ所霊場巡りは江戸時代から始まったものだが、明暦の大火などの災害による寺院の移転、明治の廃仏毀釈、神仏分離令による廃寺、関東大震災、東京大空襲による被災などがあり、札所寺院も当初とは代わっている所もある。また戦後は、急激に進む東京の都市開発の中で、寺院の姿も大きく変わってきた。防災上の理由から鉄筋造りの建物にしたり、高層化するなど大きく様変わりしているお寺が増えてきた。この八年間でも御府内八十八ヶ所寺院のうち一〇ヶ寺ほどが改築して立派な建物になっている。

私がウォーキングを始めたのは平成十二年の春からだから、もう十八年になる。平成九年に四十五年勤めた会社を退職後、最愛の妻を亡くした。九人兄弟の末っ子だった私は早くに両親、兄姉を失っていたこともあり、妻の死後は毎朝一時間は読経を行ってきた。そして、亡くなった家族のためにも頑張って長生きしようと決意した。そんな時、ウォーキングの団体があることを知った。東京の下町生まれの私は、小さいときから母に連れられてどこにでも歩いて行ったので、ウォーキングは自分には向いていると思った。早速、日本ウオーキング協会、東京都ウオーキング協会、埼玉県ウオーキング協会に入会し、積極的にイベントに参加した。なかでも印象的なのは、平成十五年から十一年間かけて松尾芭蕉の「奥の細道」の行程をすべて歩いたことだ。

ウォーキングは健康増進に大いに役立つことは言うまでもないが、御府内八十八ヶ所のように仏様の前で手を合わせ読経するといったもうひとつの目的をもつことで、心も身も引き締まり、充実感を得ることができるのではないかと思っている。

四国八十八ヶ所霊場巡りの全行程は約一四〇〇キロ、御府内八十八ヶ所霊場巡りはこの八年間で合計一三五〇キロ歩いている。ようやくほぼ同じ距離を歩いたことになると思うと感慨ひとしおである。

本書の上梓にあたり、東京都ウオーキング協会の大塚忠克会長からは多大のご協力、ご配慮を頂いた。毎回のウォーキングを一緒に歩き、さまざまなご教示を賜ったことに感謝したい。また、同協会の役員の皆様にもさまざまなご指導をいただいた。あわせて御礼申し上げる。

最後に、一冊の本にまとめあげることにご尽力頂いた芙蓉書房出版の平澤公裕社長にも感謝したい。

平成三十年五月　　池田　敏之

御府内八十八ヶ所霊場ウォーク❖目次

御府内八十八ヶ所霊場めぐりとは

八十八ヶ所霊場とは

江戸時代、病気や天災などの苦しみから逃れるための祈りの場として、弘法大師空海とともに、ゆかりの寺院を巡拝する四国八十八ヶ所霊場巡りが行われた。しかし、四国はあまりにも遠く、誰でもが行けるところではなかった。そこで、四国札所の写しとして宝暦年間（一七五一～六四）に始められたのが「御《ご》府内《ふない》八十八ヶ所霊場巡り」である。

四国八十八ヶ所は、阿波国（徳島県）二十三ヶ寺、土佐国（高知県）十六ヶ寺、伊予国（愛媛県）二十六ヶ寺、讃岐国（香川県）二十三ヶ寺を時計回り方向で札所番号順に回る。

御府内八十八ヶ所は四国八十八ヶ所の写し霊場であり、御府内１番高野山東京別院は四国１番霊山寺（徳島県）、御府内２番東福寺は四国２番極楽寺（徳島県）……御府内88番文殊院は四国88番大窪寺（香川県）というように札所番号が対応している。

しかし、御府内八十八ヶ所の札所番号は四国のように地域順に振られていない。本書の挿図に使った『御府内八十八ヶ所道しるべ』（天、地、人の三冊）という本は明治のはじめに刊行されたものだが、これも札所番号順ではなく地域別に編集されている。

なぜかはわからないが、御府内の寺院は、「お砂」を持ち帰って納めている四国の札所の番号を付けていることから、参拝の順序とはあまり関係がないのではないだろうか。各札所の「お砂」をまとめて、それを踏みながら参拝することで実際の遍路と同様の御利益《ごりやく》があるとする「お砂踏み霊場」を設けている寺院が御府内にも数ヶ寺ある。

御府内八十八ヶ所霊場めぐりの歴史

江戸時代盛んだった御府内八十八ヶ所だが、明治新政府の神仏分離政策により、それまで神社の管理者である別当を務めていた寺院の多くが廃寺を余儀なくされた。深川富岡八幡宮の別当寺院永代寺（第68番札所）もそのひとつである。さらに、廃仏毀釈運動が盛んになると、別当寺院以外の寺院も経営難に陥った。存続の危機のなか、本尊や大師堂などが他の寺院に移されることが多くなり、それにともない札所も変更された。こうして八十八ヶ所めぐりは下火になってしまうが、明治中期になると、廃寺となった寺院の再興が始まり、徐々に復興されていく。

しかし、今度は大正十二年（一九二三年）の関東大震災、昭和二十年（一九四五年）の東京大空襲という受難が待っていた。これにより焼失した寺院も多い。

戦後になると、今度は高度経済成長の影響を受けることになる。御府内八十八ヶ所のお寺の多くは都心部にあり、都市計画による再開発が進むと、ビルに改築したり、郊外に移転するケースも増えた。八十八ヶ寺のなかでも、日野市の長楽寺（第25番）と神奈川県秦野市の仏乗院（第77番）は最も遠くに移転した寺院である。

このように、社会の変化の波にもまれ続けてきたが、それでも八十八ヶ所遍路は今も続いている。八十八ヶ所の多くは、弘法大師空海が開基した真言宗寺院だが、四国にも御府内にも他宗派の寺院が数ヶ寺ある（四国は臨済宗、天台宗、曹洞宗、時宗の寺院が計七ヶ寺、御府内は臨済宗寺院が一ヶ寺）。これも日本の仏教の寛容さを表している。

「御府内」とはどこを指すのか

「御府内」というのは、江戸時代に江戸の範囲を示した言葉である。徳川家康の入府以来江戸は拡大を続けてきたが、何度も大火に遭い、そのつど復興してきた。七代将軍吉宗の時代の町奉行大岡忠相は、防火対策のため建物を土蔵造りにすることを奨励し、屋根の茅葺きを禁ずる政策を行った。このとき、その対象地域を現在の文京区本郷三丁目あたりから南側としたため「本郷もかねやすまでは江戸のうち」という有名な川柳が生まれた。「かねやす」とは現在も営業している店で、この川柳の銘板を店頭に掲げている。

それから半世紀以上経った文政元年（一八一八年）に、幕府は「江戸」の範囲を明確にするため「旧江戸朱引内図」を作った。この地図に朱色の線が描かれている。その内側を朱引内《しゅびきうち》といい、これが「御府内」である。境界は、東は平井、亀戸周辺（中川）、西は角筈、代々木周辺（神田上水）、南は品川周辺（目黒川）、北は千住、板橋周辺（荒川、石神井川）である。かねやすのある本郷よりもはるか北の板橋まで「江戸」と定められたということは、それだけ江戸の町が拡大を続けてきたことを示すものだろう。

1日目

三田・麻布・六本木から
新橋・赤坂・千駄ヶ谷まで

【15ヶ寺　全行程19キロ】

第1番 **高野山東京別院** 長寿寺（高輪）
第84番 五大山不動寺 **明王院**（三田）
第65番 明王山 **大聖院**（三田）
第69番 龍臥山明王寺 **宝生院**（三田）
第80番 太元山 **長延寺**（三田）
第13番 高野山弘法寺 **龍生院**（三田）
第5番 金剛山宝幡寺 **延命院**（南麻布）
第27番 瑠璃山 **正光院**（六本木）
第6番 五大山 **不動院**（六本木）
第20番 身代山 **鏡照院**（西新橋）
第67番 総本山智積院別院 **真福寺**（愛宕）
第75番 智劒山 **威徳寺**（赤坂）
第81番 医王山 **光蔵院**（赤坂）
第9番 古碧山 **龍巌寺**（神宮前）
第10番 観谷山 **聖輪寺**（千駄ヶ谷）

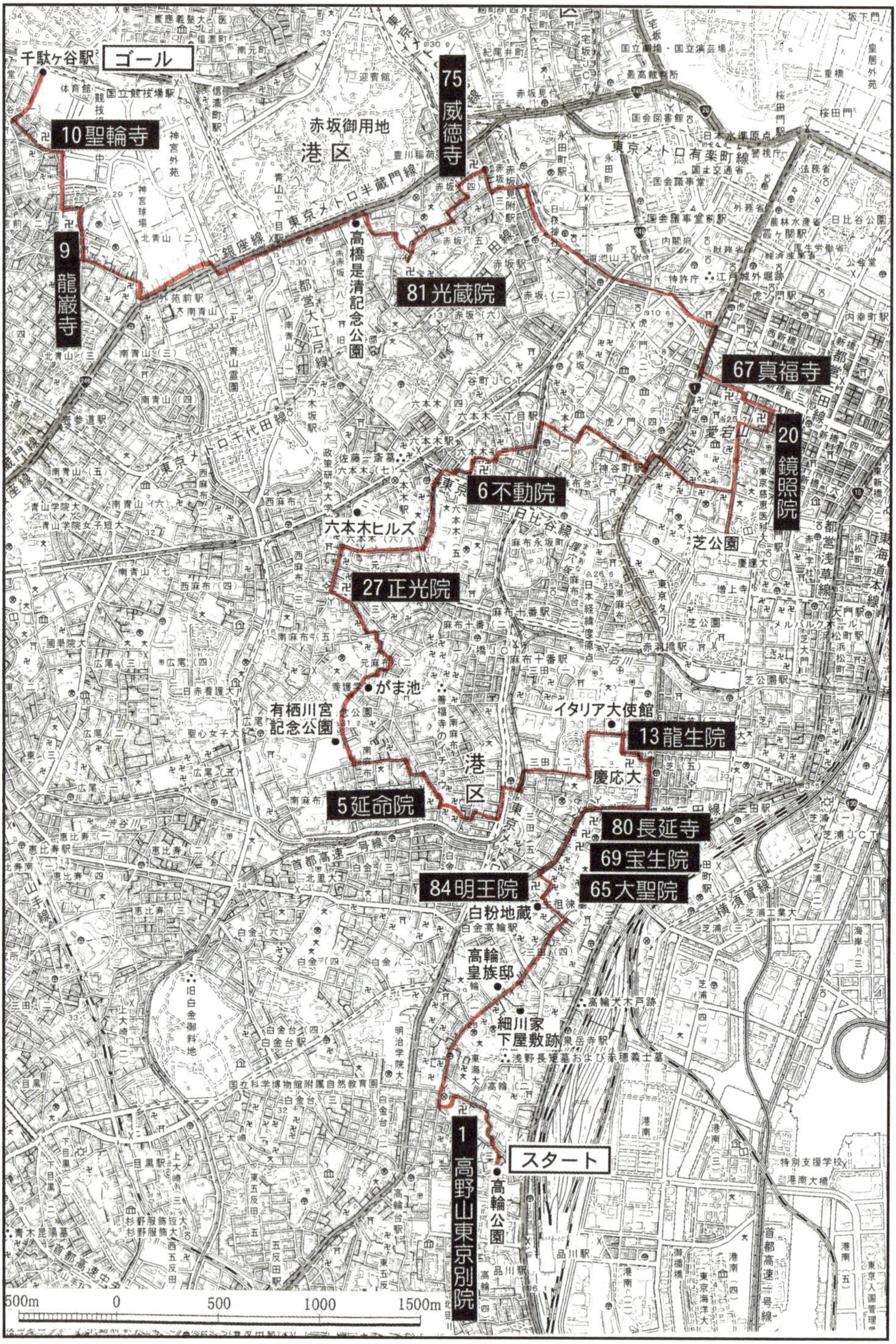

千駄ヶ谷駅
ゴール
10聖輪寺
9
龍巌寺
75
威徳寺
赤坂御用地
港区
高橋是清記念公園
81光蔵院
67真福寺
20
鏡照院
芝公園
6不動院
六本木ヒルズ
27正光院
がま池
有栖川宮記念公園
イタリア大使館
13龍生院
港区
慶応大
5延命院
80長延寺
69宝生院
84明王院
65大聖院
白粉地蔵
高輪皇族邸
細川家下屋敷跡
1
高野山東京別院
スタート
高輪公園
500m
0
500
1000
1500m

東海道線品川駅の高輪口を出て第一京浜を北に数分歩くと高輪公園がある。

高輪公園は江戸時代の大名酒井氏の邸宅跡である。高台になっているこのあたりには井伊家、本多家などの下屋敷もあった。眼下に東京湾が望める景勝の地だった。

東京都ウォーキング協会主催の「御府内八十八ヶ所霊場巡り」はここから始まる。出発式を終えて、一日目のウォーキングがスタートする。

公園裏側には、幕末に最初の英国公使館となった東禅寺がある。その横を抜けて洞坂、桂坂を一気に上りきると、【第1番札所】**高野山東京別院**がある。

高野山東京別院は高野山真言宗総本山金剛峯寺《こんごうぶじ》の別院で、住職は本山座主《ざす》が兼ねている。江戸時代には高野山学侶方の江戸在番所として浅草の日輪寺に寄留して開創された。後に芝二本榎に移り、高野山江戸在番所高野寺となった。大師信仰実践の場としての役割はもちろんのこと、幕府との交渉窓口も務めた。昭和二年（一九二七年）に高野山東京別院と改称し、昭和六十三年（一九八八年）には現在の本堂が建立された。

広い境内には、本堂（遍照殿）、不動堂、鐘楼などが建ち並び、修行大師像や四国八十八ヶ所お砂踏み霊場がある。お砂踏み霊場は、四国の国別に分けられ、札所番号順に地蔵が整然と並んでいる。そのかたわらに第一番札所の標石が見える。周辺には石造の碑が多く見られる。御府内遍路の発願者といわれる諦信の碑、御府内八十八ヶ所を六百回も回った人の碑、など江戸時代のもののほか、石灯籠の碑、八十八ヶ寺の石仏などがある。

本堂に入る。正面には弘法大師、右上に「大慈大悲」の額が下がっている。キリスト教会のように須弥壇《しゅみだん》

第１番 高野山東京別院 長寿寺
（高野山真言宗）
108-0074港区高輪3-15-18
最寄駅★都営地下鉄高輪台駅

本堂で般若心経を読経

お寺の中にある神社「明神社」

おびんずるさん

二本榎高野寺境内図絵

に向かって椅子が並んでいる。椅子席は二百人は座れるよう用意されている。座敷に座るよりも楽な姿勢でお参りできるのはとても助かる。ここで般若心経を読経する。左隅に赤っぽい仏像がある。賓頭盧《びんずる》は釈迦の弟子の名前。日本ではこの像をなでると病が癒えると信じられ、親しみを込めて「おびんずるさん」と呼ばれている。東大寺大仏殿、信州善光寺をはじめ各地のお寺で見かける。

読経を終え、本堂を出る。毎年、東京別院を訪れているが、来るたびに必ず何か新しいものが出来ている。記念碑だったり、新たなお堂や祠が生まれている。なかでも明神社の四つのお宮が目を引く。お寺の中に鳥居が並んでいる光景は神仏習合の範たる現象であり、一種異様な感じがする。

ちなみに、東京別院の地下に東京電力高輪変電所がある。完成したのは平成元年（一九八九年）だが、地下三六メートルまでじ階建てで東京ドームの半分の大きさだという。なんでこんなところに変電所があるのか、実に不思議である。

東京別院の山門を出て北へ、次の第84番札所明王院に向かうが、途中にある肥後熊本藩細川家下屋敷跡に立ち寄ることにする。ここは大石内蔵助以下赤穂浪士十七名が切腹した地である。当時は一万坪以上あり白金御殿と呼ばれたそうだが、現在はぎっしりと家が建っており、細長い土地が囲われ、切腹の地を示すものが僅かに残っているだけである。

細川家下屋敷跡にある
切腹浪士17名の銘板

赤穂浪士四十六士は、ほかに三河岡崎藩、伊予松山藩、長門長府藩の三藩の屋敷にお預けとなり、浪士はそこで切腹している。この隅に樹齢三百年のシイの大木が、歴史の証人のごとくそびえている。

その前が旧高松宮邸である。高松宮には嫡子がなかったため、ご夫妻ご逝去後は宮内庁の管理下で高輪皇族邸として保存されている。平成三十一年（二〇一九年）に今上陛下が生前退位するのに伴い、仮寓としてこの邸宅が使われる予定だという。

伊皿子坂交差点を過ぎて北へ歩く。幽霊坂を下ると、道の左右に随応寺、仙翁寺、実相寺、長松寺、玉鳳寺などの寺院と墓地が続く。昔は幽霊坂という名前のとおり寂しい雰囲気であったようだが、今は樹木も取り払われて視界も開けている。余談だが、幽霊坂と呼ばれる坂は東京にはたくさんある。田端、目白台、牛込、淡路町、駿河台……。市街化が進んで周辺の景観が変わると坂の名称も変えられたようだ。有名な乃木坂もかつては幽霊坂と呼ばれていたとか。

それにしても、この界隈のなんとお寺の多いことか。港区三田四丁目だけでも二十七もの寺院があり、この三田寺町の中にクウェート大使館まである。

坂を下りると玉鳳寺がある。入口に白粉《おしろい》地蔵が鎮座している。これは化粧延命地蔵尊と呼ばれ、八丁堀の地蔵橋の畔に放置されていたものを玉鳳寺の住職が修復し、泥まみれの地蔵を不憫に思い白粉を塗って祀ったところ、和尚の痣《あざ》が消えたという。この言い伝えから、顔のシミ、痣、傷に悩む人が祈願にやってくる。今でも毎日白粉が塗られている。

白粉地蔵

ここから右へ坂を下ると、左側に【第84番札所】**明王院**《みょうおういん》がある。真言宗豊山派で五大山不動寺という。寛永十二年（一六三五年）に八丁堀からこの地に移転してきた。明王院の本尊は不動明王だが、江戸時代から「厄除《やくよけ》大師の寺」として知られていた。境内には古びた弘法大師像が立っている。

明王院を出て桜田通りに出る。右に進むと三つのお寺が並んでいる。【第65番札所】**大聖院**《だいしょういん》は高層ビルになっているため通り過ぎてしまいそうになるが、一階に寺名のプレートと札所の標石がある。慶長年間に数奇屋町（中央区）に創建され、その後八丁堀に移転、寛永十二年に他の寺院とともにここに移ってきた。突き当りに庫裡《くり》があり、右奥に蔵のような本堂がある。

三ヶ寺並んでいるうちの【第69番札所】**宝生院**《ほうしょういん》だけが和風建築に築地塀《ついじべい》と、昔の雰囲気を残している。三田寺町の寺院としては境内も広い。慶長十六年（一六一一年）の創建で、明治八年（一八七五年）には青

第65番　明王山　大聖院
（真言宗智山派）
108-0073港区三田4-1-27
最寄駅★都営地下鉄泉岳寺駅

第84番　五大山　明王院
（真言宗豊山派）
108-0073港区三田4-3-9
最寄駅★都営地下鉄泉岳寺駅

大聖院

古びた弘法大師像（明王院）

陣幕久五郎の顕彰碑（宝生院）

明王院

宝生院

第69番　龍臥山　宝生院
（真言宗智山派）
108-0073港区三田4-1-29
最寄駅★都営地下鉄三田駅

第80番　太元山　長延寺
（真言宗豊山派）
108-0073港区三田4-1-31
最寄駅★都営地下鉄三田駅

長延寺

山学院の前身となる寺子屋式の学校がこの寺の境内に開設されている。また、幕末・明治期の横綱、陣幕久五郎の顕彰碑がある。陣幕は徳島藩、出雲藩、薩摩藩のお抱え力士として活躍、慶応三年（一八六七年）に横綱に推挙された。江戸時代最後の横綱である。引退後は実業界に入り成功し、深川・富岡八幡宮の横綱力士碑の建設に尽力したことでも知られている。

隣にあるのが【第80番札所】**長延寺**《ちょうえんじ》だ。ここもマンションになっている。大聖院同様、寛永十二年に八丁堀から移転してきた。建物一階が本堂で、鉄柵の門にある豊山派の輪違い紋が目印になる。本堂には漆喰《しっくい》の鏝絵《こてえ》の作品がかかっている。鏝絵とは左官職人が描いた壁画で、伊豆の長八が有名だが、この寺の作品は今泉善吉の作とされる。

慶応義塾大学

長延寺を出て右へ行くと桜田通りは大きくカーブして慶応義塾大学正門の前を通る。早稲田大学とともに私学の雄と言われる名門だが、両校とも増える学生数に対応してか、校舎の高層ビル化が進んでいる。慶応にも福沢諭吉演説館など当時の建物が一部残っているが、何とも窮屈そうである。

学生が多数歩いているなかを道なりに進むと春日神社がある。その先を曲がった突き当たり、イタリア大使館の手前に【第13番札所】**龍生院**《りゅうしょういん》がある。元は高野山の山内にあった子院で、高野山の大火により焼失し、三田に移ってきたのは明治二十四年（一八九一年）と言われている。平成二十六年（二〇一四年）に鉄筋四階建ての寺院に建て替えられた。三田は源頼光の四天王の一人、渡辺綱《わたなべのつな》の生地とされ、龍生院本堂の北には産湯《うぶゆ》の井戸が残っている。渡辺綱は大江山の酒呑童子《しゅてんどうじ》を退治したり、京都の一条戻り橋で鬼の腕

龍生院の本堂

第13番 高野山 龍生院
（高野山真言宗）
108-0073港区三田2-12-5
最寄駅★都営地下鉄三田駅

渡辺綱産湯の井戸

鬼を退治する渡辺綱
（『大日本史略図会』）

延命院

第5番 金剛山 延命院
（真言宗智山派）
106-0047港区南麻布3-10-15
最寄駅★地下鉄白金高輪駅

を斬り落としたという逸話が残っている。

龍生院山門の石段の左側に「阿波国一宮寺写医王山圓覚寺」と刻まれた標石がある。寺の名前が違うのはなぜか。これは、霊岸島《れいがんじま》にあった初期の十三番札所圓覚寺が火災にあい、仏像などがここ龍生院に移された際、札所も移転したのだという。

龍生院を出て綱坂を上る。坂を上りきるとイタリア大使館がある。ここはかつて伊予松山藩の中屋敷があったところで、忠臣蔵の大石主税以下十名が切腹した地であり、大使館の中に顕彰碑があり、今でも討入り当日の十二月十四日には大使館で供養が行われている。

このあたりは坂の上り下りが多い。綱の手引坂を下りて首都高速2号目黒線の下をくぐり、二の橋交差点を左折して三の橋に向かう。途中で右の道に入り絶江坂《ぜっこうざか》を上ると【第5番札所】**延命院**《えんめいいん》である。閑静な南麻布の住宅街の一角にある。敷地も狭く本堂も小さい、普通の住宅と変わらない寺である。文化八年（一八一一年）に当時の住職が四国五番札所の阿波の地蔵寺から弘法大師作の子安地蔵を当地へ遷したのが本尊であるという。宝永年間には木村町の内新町にあったものをこの地に移築した。

南麻布周辺は大使館の多い街である。フィンランド、パキスタン、ドイツ、ノルウェー、カタール、マダガスカルなど十六ヶ国もの大使館がある。

延命院を出て絶江坂を上りきると薬園坂に入る。江戸時代には坂上の西側に幕府の御薬園があり薬草の栽培を行っていた。これは小石川植物園の前身でもある。フィンランド大使館の前を通り、まっすぐ有栖川宮《ありすがわのみや》記念公園に向かう。ここが休憩場所だ。

有栖川宮記念公園は江戸時代は盛岡南部藩の下屋敷だった。明治期に有栖川宮邸となったが、有栖川宮家廃絶後、有栖川宮の旧称を継いだ高松宮宣仁殿下が東京都に賜与し、現在は港区が管理する公園になっている。傾斜地にあるため園内は起伏に富み、美しい日本庭園が広がっている。東京都立中央図書館が公園の一角にある。隣接する麻布運動場には野球場やテニスコートもあり、多くの人々で賑わっている。

一服して再出発。麻布運動場側から道路を越えて歩き出すと「がま池」がある。江戸時代の旗本山崎主税助治正の屋敷内にあり、文政四年（一八二一年）に近くの古川橋から出た火事の際、この屋敷だけが焼失を免れたのはこの池の大きなかえるが水を吹いて火を消したからだと言われた。そのため、山崎家が授けた御札は防火のお守りとして人気を博した。池の周りの土地は維新後渡辺国武子爵邸となったが、現在はマンションの敷地内にな

有栖川宮記念公園

り、立ち入ることはできない。ＮＨＫのテレビ番組「ブラタモリ」でも紹介されたことがある。

六本木方向へ歩く。中国大使館、麻布警察署前を通り、【第27番札所】**正光院**《しょうこういん》に到着した。六本木ヒルズにも近い、ビルの谷間にあるお寺である。正光院は筑前福岡藩黒田家の祈願寺として寛永七年（一六三〇年）に創建された。三代藩主黒田忠之の時代に有名な黒田騒動が起きた。忠之は藩の安泰を祈願して子安薬師を正光院の本尊として寄進した。毎年訪れる時期には境内の紅梅が咲きはじめ、ロウバイは真っ盛りで赤と黄色の花が綺麗であった。

六本木ヒルズを抜け六本木三丁目に入った。狭い道を抜けて【第6番札所】**不動院**《ふどういん》に着く。城壁のような堅牢な建物に大きな輪宝紋が輝いている。不動院は万治元年（一六五八年）に麹町平河町からこの地に移転した。その際、悪蛇が棲む沼地を境内として開拓しようと十一面観音を本仏として稲荷大明神を祀り祈願すると、悪蛇の死骸が上がったという。その「児稲荷大明神」が境内にある。江戸時代は目黄《めおう》不動として親しまれ、祈願成就の根本道場となっている。また、このお寺では立川流《たてかわりゅう》落語会が定期的に開催されている。本堂で不動明王の前で落語を聞けるのは極楽であろう。

不動院を出て芝公園に向かう。途中、45階建ての高層オフィスビル泉ガーデンを横切る。このあたりは億ションのマンションが建ち並ぶ、東京の高級住宅街である。その中を歩いて山を越し、虎ノ門五丁目で国道一号線を横切り、東京タワーの真下の芝公園に着いた。ここで昼食休憩である。

六本木ヒルズ

正光院のロウバイ

第27番　瑠璃山　正光院
（高野山真言宗）
106-0046港区元麻布3-2-20
最寄駅★地下鉄六本木駅

第6番　五大山　不動院
（高野山真言宗）
106-0032港区六本木3-15-4
最寄駅★地下鉄六本木駅

不動院本堂

不動院

午後は芝公園を出て西新橋へ向かう。東京慈恵会医科大学の裏手にある【第20番札所】鏡照院《きょうしょういん》へ立ち寄った。小さなお寺で、表示の提灯《ちょうちん》がなければ見落としてしまいそうである。人通りの少ない路地の三階建てビルの一階がお寺になっている。入口右側には身代《みがわり》不動尊が祀られ、多くの人の尊崇を得ていた。徳川家康が江戸の鎮守として愛宕権現社を創建した時、愛宕山《あたごやま》下に真言宗寺院六ヶ寺が創建された。鏡照院はもともと常陸国笠間にあったが、この時愛宕下に移ってきた。

もと来た道を戻り愛宕下通りを横切ると、【第67番札所】真福寺《しんぷくじ》がある。開基は甲斐国主の浅野幸長、忠臣蔵の播州赤穂浅野家の本家である。ＮＨＫ発祥の地、愛宕山の麓にあり、「愛宕下のお薬師さん」として知られるこの寺院は真言宗智山派総本山智積院（京都）の東京別院である。平成七年に地上八階建ての近代的なビルとなり、本堂のほかに講堂や会議室などもある。敷地内にビルが二つあり、テナントも多く入っている。御府内八十八ヶ所の中でも際だって多角的経営を行っている寺院である。

最近完成した「マッカーサー道路」（東京都環状2号線）を歩いて溜池《ためいけ》へ向かう。江東区有明二丁目から港区新橋、新宿区四谷を経て千代田区神田佐久間町一丁目に到る都市計画道路である。俗称はマッカーサー道路といわれるが、実はこの道路計画にＧＨＱは関係していない。マッカーサーは「敗戦国に立派な道路は不要」と反対していたのだ。これは一般市民やマスコミの誤解である。

溜池から外堀通りを赤坂に向かう。ＴＢＳのある赤坂一ツ木通りに【第75番札所】威徳寺《いとくじ》（赤坂不動尊）がある。「赤坂のお不動さん」として親しまれている。本尊の不動明王像は最澄（伝教大師）が自ら彫ったものとされる。江戸時代は紀伊徳川家の祈願寺だった。江戸の大火、関東大震災、東京大空襲の被害も受けなかった幸運の不動尊は二〇一八年に改築して新しい時代に合った寺院へと変貌した。

鏡照院本堂

第20番　身代山　鏡照院
（真言宗智山派）
108-0073港区西新橋3-14-3
最寄駅★地下鉄御成門駅

第67番　総本山智積院別院　真福寺
（真言宗智山派）
108-0073港区愛宕1-3-8
最寄駅★地下鉄虎ノ門駅

真福寺

威徳寺の不動明王像

第75番 智劔山 威徳寺
（真言宗智山派）
107-0052港区赤坂4-1-10
最寄駅★地下鉄赤坂見附駅

威徳寺

第81番 医王山 光蔵院
（真言宗智山派）
107-0052港区赤坂7-6-68
最寄駅★地下鉄赤坂駅

港区は実に坂が多い。薬研坂《やげんざか》は長さ一六七メートル、高低差七メートルの急坂である。ちなみに坂の名称は漢方薬を砕く際に使用する薬研に似ていたことからきたようだ。薬研坂を上ると【第81番札所】**光蔵院**《こうぞういん》がある。閑静な高台にあり、周辺に寺院も多く寺町らしい雰囲気がある。外見は高級住宅のようである。もともとは飯倉《いいくら》にあり、厄除大師《やくよけだいし》として多くの人の信仰を集めていたが、戦災で焼失。戦後再建されたが、昭和六十三年に現在地に移ってきたという。実は、東京都ウォーキング協会主催の「御府内八十八ヶ所霊場巡り」ではここ数年、このお寺に立ち寄ることを断られ続けている。大勢のウォーカーがやってくるため、騒がしいという苦情が周辺住民から出ているからだという。静かな環境のところだけに、もっともだとは思う反面、残念である。

高橋是清記念公園

高橋是清像

午後の休憩地点は青山通り沿いの高橋是清記念公園である。高橋是清は明治、大正、昭和にわたって大蔵大臣として財政の安定に尽力した政治家である。昭和十一年（一九三六年）の二・二六事件で暗殺されたのだが、この赤坂の自邸で反乱軍青年将校に六発の銃弾を受け絶命した。この公園には高橋是清像が建っている。

休憩を終えて青山通りを歩く。公園の前が赤坂御用地である。ここに東宮御所、秋篠宮邸、三笠宮邸がある。地下鉄外苑駅前から右に入り熊野通りを歩く。このあたりにはタイ料理やインド料理の店が多く見られ、異国情緒がある通りである。熊野神社を右に曲がると【第9番札所】**龍巌寺**《りゅうがんじ》である。標石に「龍巌禅寺」とあるように、ここは臨済宗南禅寺派の寺院である。御府内八十八ケ所はすべて真言宗だが、ここだけが別宗派の寺院である。その理由は、明治の神仏分離令で九番札所であった浄性寺が廃寺となり、代わりに熊野神社の別当であった龍巌寺が加わったからである。

この寺院の門前の坂を勢揃坂《せいぞろいざか》という。源義家が奥州征伐の際、ここで勢揃いして坂を下ったことからその名がついたといわれ、境内には源義家の坐石が残っている。

また元禄の頃、松尾芭蕉をはじめ風流人がここに集まったようで、境内に芭蕉句碑がある。「春もやや景色ととのふ月と梅」と刻まれている。芭蕉が文人墨客と茶道や俳句など楽しんだ庵もあったが、戦災で消滅した。

墓所には四基の土饅頭が並んでいた。これは広島浅野家のものとのことである。赤穂浪士が討ち入り後に浅野家の菩提寺となった。また、江戸時代の蘭学者で自殺した小関三英の墓もある。

訪れるたびに住職の奥様からお菓子（飴）を頂いている。ウォーカーにとって何ともうれしい心温まるおもてなしに感謝したい。

坂を下り、本日最後の寺聖輪寺に向かう。

神宮外苑に隣接する明治公園に着く。ここで昭和十五年（一九四〇年）に東京オリンピックが開催される予定だったが、日本の国際連盟脱退によりオリンピックは中止され、ここは幻の陸上競技場となった。戦争中は軍隊が駐屯して軍事訓練の場となった。神宮外苑の大木が切り倒され、薪の大きさに切られ道路

第９番 古碧山 龍巌寺
（臨済宗南禅寺派）
150-0001渋谷区神宮前2-3-8
最寄駅★地下鉄外苑前駅

源義家の坐石

広島浅野家の墓所

芭蕉句碑

上に山積みされていた。そんな山が外苑の中に十ヶ所以上あった。燃料不足の時代、貴重な燃料用の木材であった。しかし昭和二十年五月二十五日の空襲ですべて灰塵に帰した。木材なので燃えることはわかっていたが、道路に山と積まれた薪が一夜で無くなってしまったのを見て米軍の正確な攻撃に驚いた。このころの爆撃、空襲は低空で飛んできて攻撃されるので被害は大きく、確実に成果を得られたようだ。

実は、この日の空襲で私は危なく命を落とすところであった。千駄ヶ谷の大邸宅に留守番として一時住んでいたのだ。ここはタイをはじめ中立国の大使館や領事館が多く、外交官が住んでいるので空襲の心配はない、安全だとのことだったが、大空襲で再び焼け出された。当時陸上競技場には軍隊が駐留していたが、その前の防空壕に避難した。五月二十三日の空襲の時は守衛兵が中に入れてくれたのだが、二十五日は守衛兵が使用するので入れてもらえなかった。ここに爆弾が落ちて多くの軍人が亡くなったのだ。もしあの時ここにいたら……。人間の運命とはわからないものだと思い出しながら歩く。あの時、意地悪く、ここは我々の壕であると威張って拒否された兵隊さんの顔が今でも思い浮かぶ。前日のように親切な兵士だったら今の自分はなかったかもしれない。

二〇二〇年の東京オリンピックのメイン会場となる新国立競技場の建設工事が行われているため、このあたりの風景はすっかり変わってしまった。

建設工事中の新国立競技場

第10番 観谷山 聖輪寺
（真言宗豊山派）
150-0051渋谷区千駄ヶ谷1-13
最寄駅★JR千駄ヶ谷駅

聖輪寺

明治公園を右に見て左に入ると、**【第10番札所】聖輪寺《しょうりんじ》**がある。開祖は行基、奈良時代に創建された由緒ある寺院で、浅草寺に次ぐ御府内屈指の古刹であり、御府内八十八ヶ所の中では最古の寺である。このあたりは江戸時代には「新日暮里《しんひぐらしのさと》」と呼ばれ、桜の名所として知られていた。

ここで般若心経をあげて、千駄ヶ谷駅前で解散した。

2日目

成増・練馬から石神井・鷺ノ宮まで

【5ヶ寺　全行程20キロ】

第19番　瑠璃光山　**青蓮寺**（成増）
第17番　東高野山　**長命寺**（練馬高野台）
第70番　照光山　**禅定院**（石神井公園）
第16番　亀頂山　**三宝寺**（石神井公園）
第14番　白鷺山　**福蔵院**（鷺ノ宮）

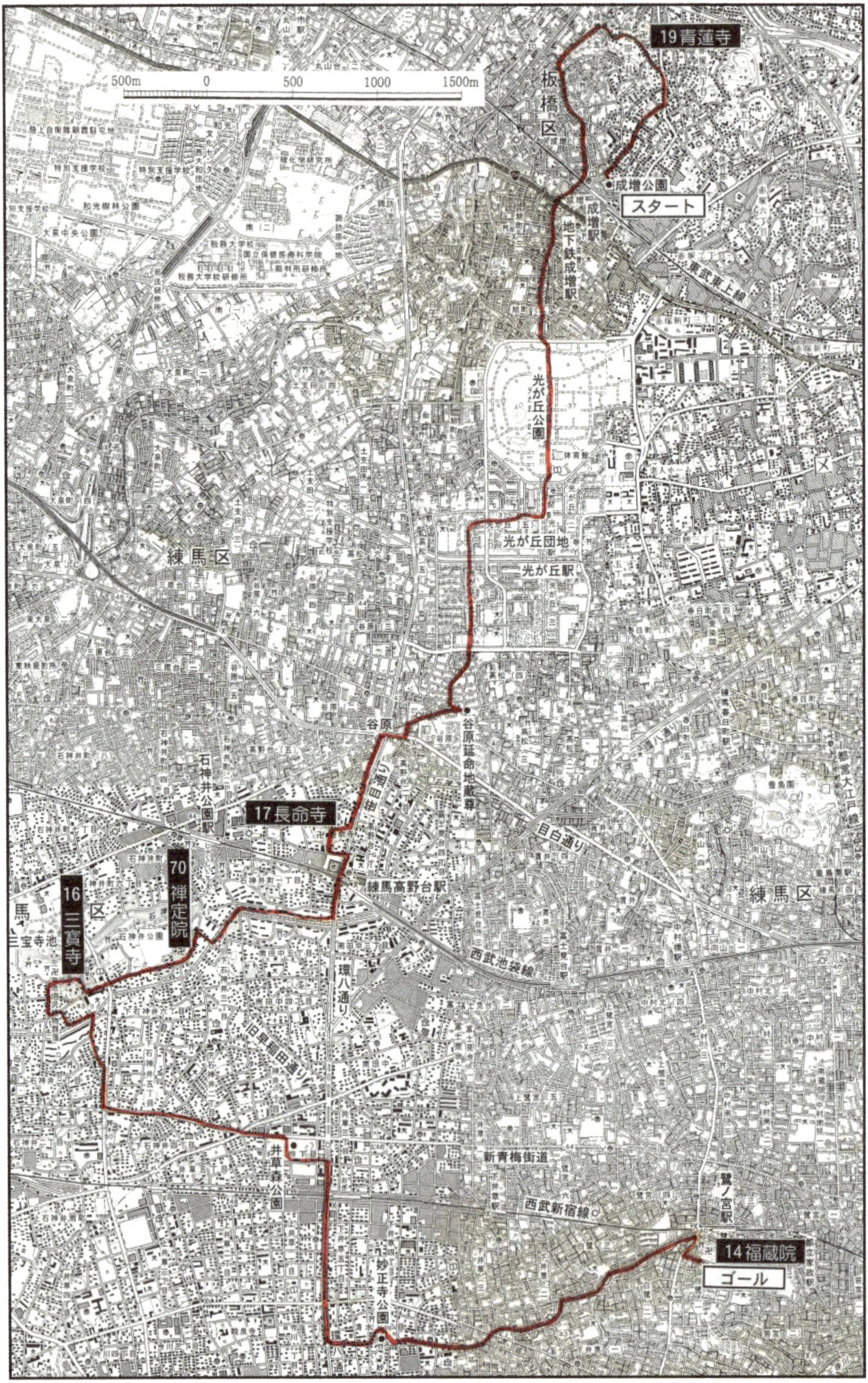
500m 0 500 1000 1500m
19青蓮寺
板橋区
成増公園
スタート
成増駅
地下鉄成増駅
東武東上線
光が丘公園
光が丘団地
光が丘駅
練馬区
谷原
谷原延命地蔵尊
石神井公園駅
17長命寺
目白通り
70禅定院
16三寶寺
三宝寺池
練馬高野台駅
練馬区
西武池袋線
環八通り
旧早稲田通り
井草森公園
新青梅街道
西武新宿線
鷺ノ宮駅
14福蔵院
ゴール
妙正寺公園

今回は、板橋区成増《なります》から中野区鷺宮《さぎのみや》までを歩く。

東武東上線成増駅で下車、北口にある成増公園へ向かう。ここで出発式を行った。成増は板橋区、練馬区、埼玉県和光市に隣接した町である。

住宅街の中をくねくねと北に進み、緩やかな坂を上っていくと【第19番札所】青蓮寺《しょうれんじ》に着く。入口の山門が古さを感じさせるが、周りは墓地であり意外と高台にあることに気づく。

御府内八十八ヶ所の「第十九番札所」にはエピソードがある。開創当初の札所は愛宕下《あたごした》（港区）の円福寺であった。高い寺格の由緒あるお寺だったが、明治初期の神仏分離令により廃寺とされてしまう。そこで札所は浅草松葉町の清光院に移された。ところが今度は大正十二年の関東大震災でこの寺も大きな被害を受け廃寺となってしまう。こうして大正十三年に青蓮寺が新たに第十九番札所になったのである。当時は徳丸ケ原（板橋区高島平）にあったが、洪水の被害にあい、この成増に移った。何とも受難続きのお寺である。

般若心経を上げてお寺をあとにした。

高台にある寺から一気に坂を下ると和光市に入る。ここは埼玉県である。旧白子川の支流の水無川のほとりを歩く。かつて白子村といったこのあたりに住んだ清水かつらという童謡詩人がいた。大正、昭和戦前にたくさんの児童唱歌を作詞した人である。日本の歌百選にも選ばれた「靴が鳴る」のほか、「叱られて」「雀の学校」「みどりのそよ風」などで知られている。成増の隣駅、和光市駅前の時計塔では清水かつらの曲が流れている。

水無川と別れ、北口通りに入る。酒屋、八百屋、薬屋など昔の町の面影の残る商店街である。大型スー

青蓮寺の本尊

第19番 瑠璃光山 青蓮寺
（真言宗智山派）
175-0094板橋区成増4-36-2
最寄駅★東武東上線成増駅

光が丘公園

光が丘公園のローズガーデン

パーの出現で、どこの町でもこうした店がどんどんなくなっている。時代の流れといえばそれまでだが、何とか残してほしいものだ。

東上線の成増駅の踏切を過ぎると川越街道（国道二五四号線）だ。交通量の多いこの幹線道路を渡ってひたすら南へ、光が丘公園を目指す。僅かな時間の間に、板橋区、和光市を通り、これから練馬区に入る。広大な光が丘公園は、戦前は特攻隊の出撃基地になった成増飛行場や武蔵健児学園があった。武蔵健児学園は、都心神田区の小児科医花岡氏が大正十四年に私財をなげうって作った日本初の私立林間学校である。

成増飛行場は昭和十七年（一九四二年）のドゥーリットル空襲の後、帝都防空の目的で建設された。滑走路は現在の都営地下鉄大江戸線光が丘駅の東側を南北に貫き、幅六〇メートル、延長一二〇〇メートルあった。ここに陸軍の飛行隊が置かれ、終戦間際には特攻振武隊の訓練基地として使われた。

私は以前和光市に住んでいたが、地元の人に、成増飛行場から飛行機が飛ばないうちに終戦になったと聞いたことがあるが、練習用の飛行機は飛んだようである。戦後、成増飛行場を接収した連合国軍はここに米国軍人家族用の宿舎グラントハイツを建設した。昭和四十八年（一九七三年）に日本に返還されたのだが、当初は七万人が居住できる大団地を作る予定だった。しかし、革新系の美濃部亮吉東京都知事により、計画は半分に縮小され、光が丘団地に隣接した巨大な公園が作られた。面積六〇万平方メートル、一万六〇〇〇本以上の樹木と、今では都心有数の緑豊かな空間となっている。

ここで休憩した後、再び歩き始めることにする。

高層住宅の建ち並ぶ中を通り抜ける。実は、私は光ヶ丘団地に住みたいと思い、運良く抽選にも当たったのだが、いろいろな経緯もあり、結局隣りの和光市の団地に住むこととなった。結局、光ヶ丘団地とは縁がなかったのか、そんなことを思い出しながら谷原《やはら》の交差点に向かう。

途中、富士大山道と橋戸道の分岐点に谷原延命地蔵尊がある。安永四年（一七七六年）に地元の念仏講中が建てたとあり、台石には「みぎ　はしど道　左　たなし道　大山道二里」と刻まれている。道標《みちしるべ》でもあったようだ。

谷原延命地蔵尊

笹目通りと目白通りが交差する谷原は関越自動車道の入口でもあり、交通の要所である。ここには横断歩道はなく、東西南北すべて歩道橋で渡るしかない。

笹目通りをさらに南下すると西武池袋線の高架線が見えてくる。練馬高野台駅だ。その手前に順天堂練馬病院があり、その北側に**【第17番札所】長命寺《ちょうめいじ》**がある。境内がやたらに広い。このお寺は境内に高野山の聖域奥之院を模して参道をつくり、石仏・石塔なども多くあることから「東高野山」とも呼ばれている。不動明王像が安置されている金堂、十一面観音像のある観音堂、弘法大師を祀る御影堂、三代将軍徳川家光の供養塔、南大門の四天王像、江戸初期の鐘楼、姿見の井戸など見所の多い寺である。

山門から外へ出て再び笹目通りを歩く。相変わらず車が多い。石神井《しゃくじい》川に架かる長光寺橋を右に入り、石神井川沿いに進む。南田中橋を過ぎ山下橋を渡り対岸に。坂下橋で再び石神井川を渡り石神井池に向かい、さらに左に進むと**【第70番札所】禅定院《ぜんじょういん》**に着いた。

境内にはヒヨクヒバの大木があり、その近くのキリシタン灯籠がひときわ目立つ。茶人古田織部が創案

長命寺の標柱

第17番 東高野山 長命寺
（真言宗豊山派）
177-0033練馬区高野台3-10-3
最寄駅★西武池袋線練馬高野台駅

弘法大師を祀る御影堂

井戸の水に顔が
映れば長生きする
という姿見の井戸

奥之院

第70番 照光山 禅定院
(真言宗智山派)
177-0041練馬区石神井町5-19-10
最寄駅★西武池袋線石神井公園駅

キリシタン灯籠

弘法大師像と鐘楼

禅定院本堂

したとされ、マリア像のような石彫りがある。このほか、弘法大師像、茅葺《かやぶ》き屋根の鐘楼や、イボの治癒に霊験があるとされる「いぼ神地蔵」、練馬区最初の小学校がこの寺に開設されたことを記念した「なかよしわらべの碑」なども興味深い。毎年二月に訪問しているが、紅梅が雰囲気を和やかにしてくれる。

禅定院を出て石神井川まで戻り西へ。根ヶ原橋、茜歩道橋を過ぎて蛍橋地点で右に入る。ここにキャベツ碑がある。

キャベツは古くから薬草として使われていた。もともとケールといわれ、スペインに住むイベリア人が栽培してヨーロッパに広まったもので、東京都での生産高は練馬区が第一位である。

まもなく【第16番札所】**三宝寺**《さんぽうじ》に着いた。ここも大きな寺院である。敷地も広くゆったりとしており、古刹の雰囲気に包まれている。江戸時代、徳川家光が鷹狩りの際の休憩所になったという由緒から山門は「御成門」と言われている。またその横の長屋門は幕末の勝海舟の屋敷門を移築したものだそうだ。境内には八十八ヶ所お砂踏み霊場までつくられている。

三宝寺の後方に大きな三宝寺池がある。石神井川の源流であるこの池は江戸時代から豊富な水量で流域の村々を潤していた。また文人が訪れる景勝の地としても知られていた。現在も、武蔵野の自然が残るここを訪れる人は多いようだ。

再び石神井川まで戻り、松之木橋を渡って井草通りを歩く。石神井消防署を左折し新青梅街道に入った。昼食場所は井草森公園となっているのだが、弁当を持ってこない人たちはその手前の蕎麦屋や牛丼屋で食事することになる。腹ごしらえを終えて井草森公園に着くと、ちょうど午後の出発の時間だった。

三宝寺

第16番 亀頂山 三宝寺
（真言宗智山派）
177-0045練馬区石神井台1-15
最寄駅★西武池袋線石神井公園駅

三宝寺多宝塔

福蔵院

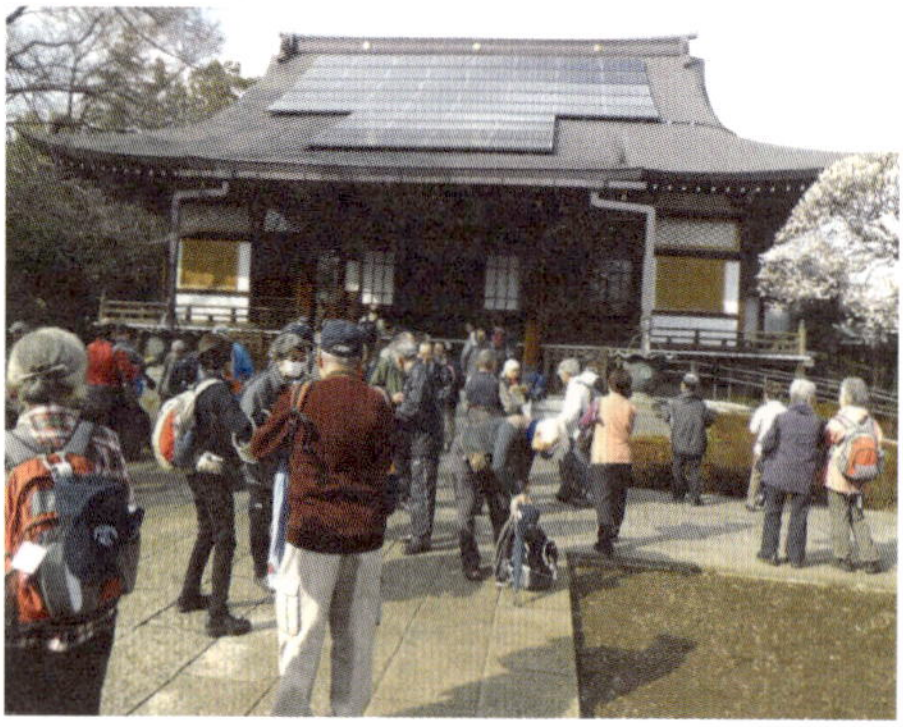

第14番 白鷺山 福蔵院
（真言宗豊山派）
165-0035中野区白鷺1-31-5
最寄駅★西武新宿線鷺ノ宮駅

午後は残り五キロ程度である。

井草森公園を出て環状八号線に入る。西武新宿線井荻駅のガードをくぐりさらに南下する。

環状八号線は東京でも交通量の多い道路である。この道路を、東武東上線、西武池袋線、西武新宿線、ＪＲ中央線、京王井の頭線、京王線、小田急線などの鉄道が横切っている。かつて平面交差の時代には大渋滞となったが、現在は、鉄道が高架化されるようになっている。ただし、西武新宿線は高架になっていないため、この井荻では道路のほうが地下に潜って線路を越えるようになっている。

妙正寺公園の鴨

環状八号線を歩き続け、井荻トンネルをくぐって早稲田通を越えると今川交差点である。ここを左に入り住宅街を抜けると妙正寺川に出た。妙正寺公園では親子連れの多くの人が楽しんでいた。休むことなくそのまま妙正寺川に沿って東へ歩く。落合橋、妙正寺橋、寺前橋、上松橋、下松橋、永久橋で再び早稲田通を渡る。さらに松下下橋、向井上橋、向井橋、井草上橋、井草橋を越えると杉並区から中野区に入った。鷺宮橋を過ぎると西武新宿線の電車が見えてくる。鷺ノ宮駅に着いた。駅前の【第14番札所】**福蔵院《ふくぞういん》**に到着。ここが本日のゴールである。

福蔵院の隣に鷺宮八幡神社がある。ここにたくさんの鷺が飛来したことから地名となったと言われている。かつて福蔵院はこの神社の別当寺を務めていたという。別当寺とは神仏習合の時代に神社を管理していたお寺のことである。

福蔵院の参道に十三体の石仏が並んでいる。江戸時代に造られたもので、初七日から三十三回忌までの十三回の追善供養をこれらの仏様が司《つかさど》ってくれるのだという。ちなみに十三仏とは、不動明王（初七日）、釈迦如来（二七日）、文殊菩薩（三七日）、普賢菩薩（四七日）、地蔵菩薩（五七日）、弥勒菩薩（六七日）、薬師如来（七七日）、観音菩薩（百か日）、勢至菩薩（一周忌）、阿弥陀如来（三回忌）、阿閦如来（七回忌）、大日如来（十三回忌）、虚空蔵菩薩（三十三回忌）である。

このほかにも中野区の文化財に指定された石造物が多いお寺である。ここで般若心経をあげて解散となった。

3日目

小石川・本郷・湯島から谷中・田端まで

【14ケ寺　全行程17キロ】

第79番　清水山　**専教院**（茗荷谷）
第86番　金剛山　**常泉院**（後楽園）
第34番　薬王山　**三念寺**（本郷）
第32番　萬昌山　**圓満寺**（湯島）
第28番　宝林山　**霊雲寺**（湯島）
第53番　本覚山　**自性院**（谷中）
第55番　瑠璃光山　**長久院**（谷中）
第49番　宝塔山　**多宝院**（谷中）
第63番　初音山　**観智院**（谷中）
第57番　天瑞山　**明王院**（谷中）
第64番　長谷山　**加納院**（谷中）
第42番　蓮葉山　**観音寺**（谷中）
第56番　宝珠山　**与楽寺**（田端）
第66番　白龍山　**東覚寺**（田端）

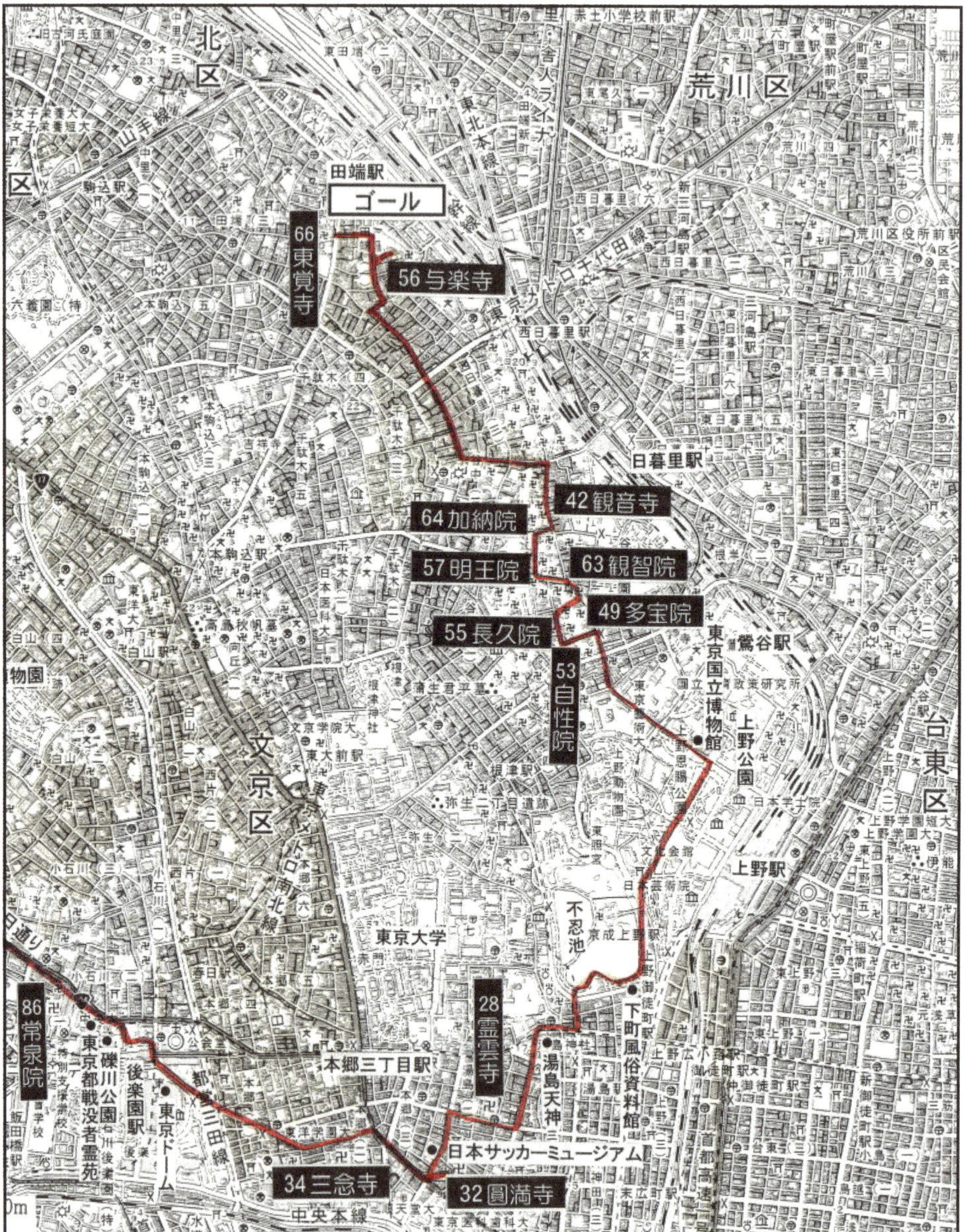
田端駅
ゴール
66東覚寺
56与楽寺
42観音寺
64加納院
57明王院
63観智院
49多宝院
55長久院
53自性院
28霊雲寺
86常泉院
34三念寺
32圓満寺
北区
荒川区
文京区
台東区
日暮里駅
鶯谷駅
上野駅
東京大学
不忍池
本郷三丁目駅
後楽園駅
東京ドーム
東京都戦没者霊苑
湯島天神
下町風俗資料館
日本サッカーミュージアム
東京国立博物館
上野公園
中央本線

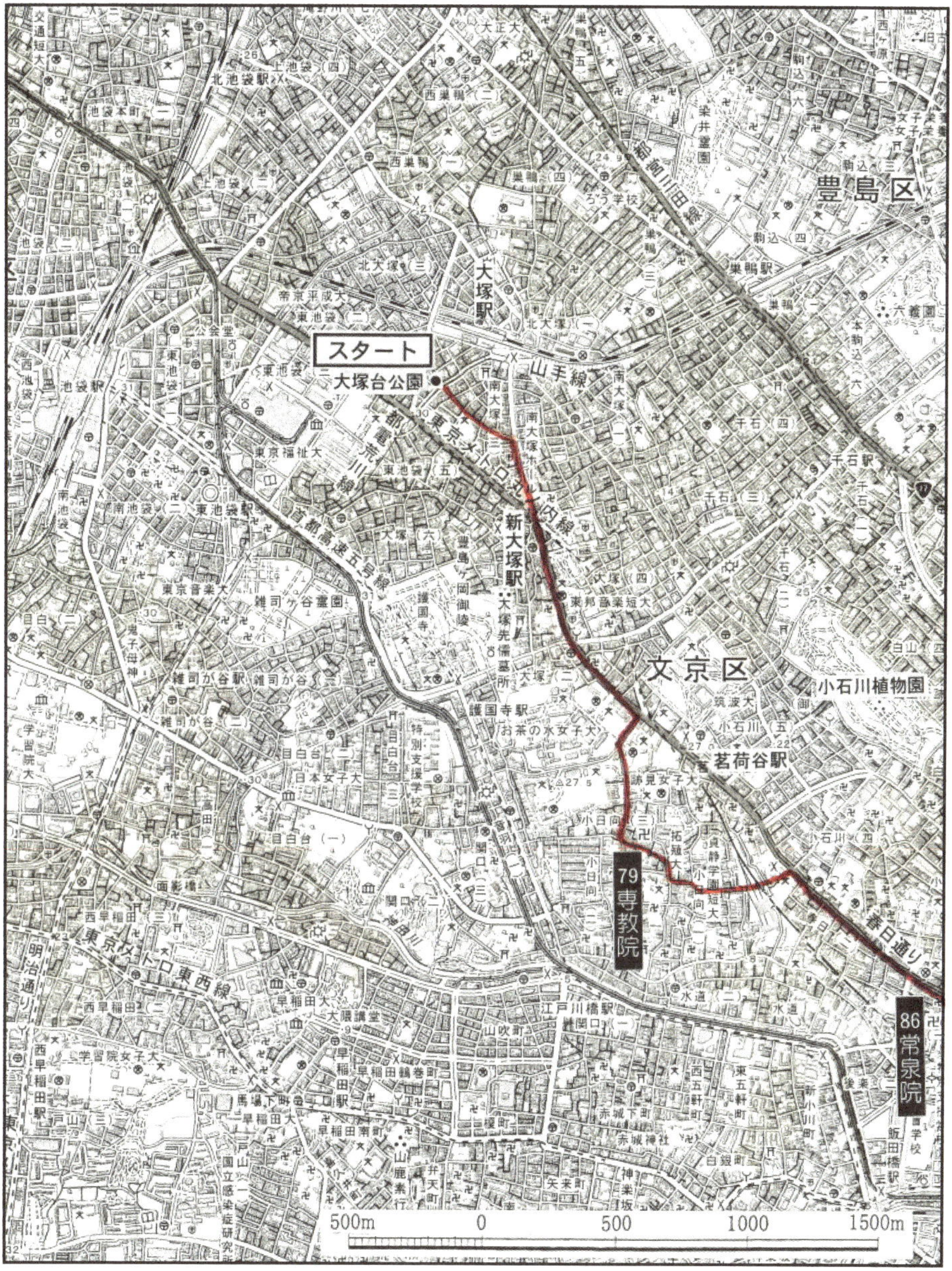
スタート
大塚台公園
79 専教院
86 常泉院
豊島区
文京区
大塚駅
新大塚駅
茗荷谷駅
山手線
東京メトロ丸ノ内線
東京メトロ東西線
春日通り
明治通り
池袋駅
東池袋駅
雑司が谷駅
護国寺駅
江戸川橋駅
早稲田駅
巣鴨駅
千石駅
小石川植物園
お茶の水女子大
500m 0 500 1000 1500m

ＪＲ山手線大塚駅の南口を出ると、東京で唯一残る路面電車、都電荒川線が見える。

余談だが、かつては都内には網の目のように都電が走っていた。昭和三十年（一九五五年）頃には四〇系統、二〇〇キロの路線があった。その後、クルマ社会の進展とともに都電は次々と廃止されていき、昭和四十九年（一九七四年）にはこの荒川線だけとなった。映画「ＡＬＷＡＹＳ三丁目の夕日」などで「昭和」に関心が集まるようになると、いちやく都電が注目されるようになった。東京都交通局は平成二十九年（二〇一七年）に「東京さくらトラム」という愛称を付けた。車両もずいぶんとお洒落になっているが、一両の電車がゆっくりと走っている姿を見るとホッとするものだ。

都電荒川線

線路沿いを歩き、御府内八十八ヶ所霊場巡りの三日目の集合場所大塚台公園に入る。公園の中には本物のＳＬ（蒸気機関車）がある。昭和二十一年（一九四六年）に大阪でつくられたＣ58である。北海道の五稜郭《ごりょうかく》機関区に配属され、戦後の混乱期に松前線と江差線の旅客貨物輸送に活躍した。昭和四十八年に函館機関区に移り、構内の貨車の入れ替え機関車として最後の務めを行い廃車となった。走行総距離は九三万キロ以上、地球二十三周に相当する。戦後の歴史を見てきた、ものすごい機関車である。廃車の翌年、この公園に運ばれてきた。

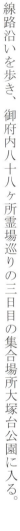

ここで出発式を行ってスタートである。

都電の線路を横切り南大塚商店街を抜け、春日通りを進む。大塚五丁目、大塚三丁目交差点を過ぎるとお茶の水女子大学がある。この日は卒業式のようで、和服姿の女子大生や父兄であふれていた。ふだんは着ない和服に袴《はかま》という卒業式スタイルはいつの間にか定着しているが、たった一日だけのために親は多額の負担を強いられる。私には理解できない社会習慣だ。

このあたりは大学が多い。お茶の水女子大学のほか、跡見学園女子大学、拓殖大学、筑波大学東京キャンパスがある。また高校・中学も多い。

跡見学園の裏側の道を歩く。拓殖大学の国際教育会館の建物が大きく目立つ。この先の細い道を左に入ると【第79番札所】**専教院**《せんきょういん》がある。周りは住宅街で、お寺とは思えない近代的な三階建てである。二階の軒下に扁額があるので階段を上ると本堂がある。開基は良法法印で、江戸時代後期には三八〇坪もあったと「江戸名所図会」にある。本尊の地蔵菩薩をお参りしてお寺を後にする。

小日向一丁目の住宅街を抜けて坂を下る。地下鉄丸ノ内線の車庫の下を通り抜けると、長い階段を上って春日通りに出る。文京区も実に坂が多い。茗台中学校の立派な建物の前を通り文京区役所へ向かう。左側に徳川将軍家の菩提寺伝通院《でんづういん》がある。有名な浄土宗のお寺である。

富坂上を右に入ると、春日通りの喧噪から静寂な空間となる。【第86番札所】**常泉院**《じょうせんいん》に着く。ここも境内は狭い。二階建ての本堂とその隣りに聖天堂がある。ここで般若心経を上げる。狭い敷地の片隅に修行大師像が立っている。これは高野山開創一千年を記念したものである。

この近くに北野神社（牛天神）がある。源頼朝が東征の際に船をこの台地の松に繋ぎ止めまどろんでいる時に牛車に乗った菅原道真が現れ、二つの幸福を授けると御神托を受けたという。これによって北野神社が創建された。二つの幸福とは、一つは嫡子頼家の誕生、もう一つはその翌年の平家滅亡だという。ま

専教院

第79番 清水山 専教院
（真言宗豊山派）
112-0006文京区小日向3-6-10
最寄駅★地下鉄茗荷谷駅

第86番 金剛山 常泉院
（真言宗豊山派）
112-0003文京区春日1-9-3
最寄駅★地下鉄後楽園・春日駅

常泉院

弘法大師像

伝通院

北野神社（牛天神）

東京ドームと後楽園ゆうえんち

東京都戦没者霊苑

礫川公園

入江相政歌碑

た、この神社は太田神社とも言われた。

昔、小石川の三百坂に幕臣旗下の太田某が住んでいた。家中にこれという不幸はなかったが、「吾は貧乏神で、多年にわたりこの家に住んできた。もし今から三日の内に赤飯、油揚げを供えれば福徳を授けよう」というご神托があり、その通りにするとこの家に慶福が続き裕福になったという。太田は大変喜び、像を彫刻して牛天神として奉納した。その後、一人の大工が幕府の仕事を請け負った。大工は祭神に祈り、願いが成就すれば神殿を奉納すると約束した。これによって請負仕事もうまくいき、大工は約束通り新しい祠を作り神像を遷座させた。近隣の人々は貧乏神が人望神と呼んだと尊崇された。いろいろ言い伝えの多い神社である。神社は崖の上にあり、下は谷底のようだ。今から八百年前はここまで海だったのである。

春日通りに戻り、中央大学理工学部に隣接する東京都戦没者霊苑に着く。ここは、太平洋戦争での東京都出身の戦没者の霊を祀る施設である。東京都の戦没者は十六万人にのぼる。かつては水戸藩上屋敷、陸軍砲兵工廠だった地に昭和三十五年（一九六〇年）に建立され、昭和六十三年に整備、大改修された。戦没者鎮魂の碑、遺品展示室、休憩所がある。靖国神社や千鳥ヶ淵戦没者墓苑に比べると、静かな雰囲気であり、戦没者もゆっくり眠れる場所のようだ。ここに、山本健吉の平和祈願の追悼文が刻まれた碑、昭和天皇の侍従長入江相政氏の歌碑があった。

休憩を終えて礫川《れきせん》公園を通り抜け、東京ドームに向かう。礫川の「礫」は「こいし」とも読む。小石川という地名はここからきている。地下鉄後楽園駅とつながっている礫川公園には、カスケードと呼ばれるヨーロッパ風の滝がある。水の吹き出し口のブロンズ製の獅子などなかなかお洒落である。

後楽園駅を通り抜け、東京ドームを横手に見て壱岐坂を上る。壱岐坂の由来は、彦坂壱岐守の屋敷があ

三念寺

第34番 薬王山 三念寺
（真言宗豊山派）
113-0033文京区本郷2-15-6
最寄駅★地下鉄本郷三丁目駅

三念寺の六地蔵

東京都水道歴史館

日本サッカーミュージアム

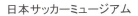

ったという説と小笠原壱岐守の下屋敷があったからと諸説ある。長さ二六八メートル、高低差一三・三五メートル、かなりきつい坂である。

長い坂を登り切り右に入ると【第34番札所】**三念寺**《さんねんじ》に到着した。ここも近代的な二階建てのビルである。黒御影石の柱に寺名が彫られ、二階の軒下に扁額が掲げられている。

三念寺の前が本郷給水所公苑で、その片隅に水道歴史館がある。東京都水道局が運営する施設で、平成七年（一九九五年）に開館した。玉川上水から始まる東京の水の歴史が分かる博物館である。屋外の給水所公苑には神田上水の石樋が保存されている。毎回ここに入館して小休止する。入館者は季節によって団扇、ウェットティッシュ、水ボトル、カレンダーなどを記念としてもらうことができる。

壱岐坂を右折し本郷通りに入る。東京ガーデンパレスの手前に【第32番札所】**圓満寺**《えんまんじ》がある。ここは九階建てのビルで、八階が庫裏、九階が本堂になっている。このお寺の本山は京都の御室仁和寺《おむろにんなじ》である。

五叉路になった交差点を北に入ると、日本サッカー協会ビル（ＪＦＡハウス）が見えてくる。このビルの一階と地下一・二階が日本サッカーミュージアムである。二〇〇二年のワールドカップ開催を記念してその翌年に開館した。サッカーに関するさまざまな資料が展示されている。

そのまま北へ傘谷坂を上ると【第28番札所】**霊雲寺**《れいうんじ》がある。このお寺は真言宗霊雲寺派の総本山で、末寺三一ヶ寺を擁する名刹である。創建は元禄四年（一六九一年）、五代将軍徳川綱吉が心服した覚彦浄厳が開山した。江戸城の鬼門にあたる東北の永代祈願所として綱吉がここに三五〇〇坪の土地と一〇〇石の寺領を与えたのである。山門も立派で境内も広い。本堂や山門は関東大震災、東京大空襲で焼失したが、昭和五十一年（一九七六年）に再建された。本堂の石段を二〇段ほど登り、本殿をご開帳頂いた。山門付近

圓満寺

第32番　萬昌山　圓満寺
（真言宗御室派）
113-0034文京区湯島1-6-2
最寄駅★JR・地下鉄御茶ノ水駅

霊雲寺

第28番　宝林山　霊雲寺
（真言宗霊雲寺派総本山）
113-0034文京区湯島2-21-6
最寄駅★地下鉄湯島駅

霊雲寺本堂

のさくらの木、ウコンが満開であった。御府内八十八ヶ所では、高野山東京別院、護国寺についで大きな寺院である。

ここからさらに北に歩くと湯島天神がある。学問の神様菅原道真を祀る有名な神社である。春日通りを歩き、天神下を左へ入ると不忍池《しのばずのいけ》が見えてくる。カモメが群れをなして飛び回っている。餌（パンの耳）を与える人がいるからである。ここで昼食休憩となった。

午後のスタートは不忍池の畔にある下町風俗資料館前から。下町風俗資料館は台東区立の博物館で、昭和のレトロな雰囲気が人気の施設である。池の周りの道を上野動物園の方向に向かう。江戸時代から現代まで上野公園は花見の名所として知られている。

人混みの中を進み、東京国立博物館前を左に曲がり東京芸術大学を過ぎると、ここからが谷中《やなか》である。

湯島天神

不忍池

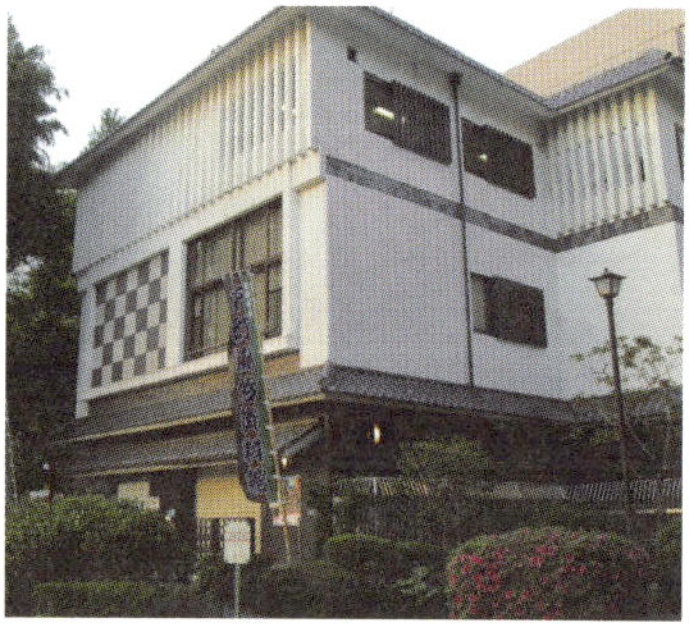

下町風俗資料館

谷中は寺院が集中している町である。今でも七二ヶ寺ある。江戸時代に上野寛永寺が建立されると、隣接の谷中に子院が多数建てられ、さらに明暦の大火などで焼失した寺院が移転してきたことから、江戸でも有数の寺町になった。参詣客も増え、行楽地としても発展した。幕末の上野戦争で多くの寺院が焼失したが、関東大震災や戦災の被害は意外と小さく、高度成長期の大規模都市開発の波に飲み込まれなかったことから、昔の町並みが残っている。

これが平成になって一躍注目されることになった。谷中・根津・千駄木界隈が「谷根千《やねせん》」と呼ばれ、レトロな雰囲気の残る町としてメディアに頻繁に紹介され、NHKの朝のテレビ小説「ひまわり」の舞台にもなった。上野桜木にカヤバ珈琲店がある。古民家をリノベーションしたもので、レトロな谷中のシンボルとして人気の店である。たまごサンドが絶品。二階の座敷で一休みすることもできる。

カヤバ珈琲店

上野桜木から谷中に入る。まずは【第53番札所】**自性院《じしょういん》**を訪れる。慶安年間に神田北寺町から移転してきた寺院で愛染明王を祀っている。縁結びと家庭円満に霊験があるという。境内に大きな桂の木がそびえている。これに創作のヒントを得た川口松太郎が小説「愛染かつら」を発表すると、このメロドラマは上原謙・田中絹代主演で映画化され大ヒットした。今の木は二代目である。

自性院を出て寺群の中を進む。このあたりは戦災にあわなかった。【第55番札所】**長久院《ちょうきゅういん》**がある。ここも神田寺町から移転してきた寺院である。切妻屋根の山門のくぐり戸には上野戦争の時の官軍の流れ弾が貫通した跡が残っている。参道の傍らにはかな書道家中村春堂の書が刻まれている。本堂、大師堂と順番

自性院

第53番　本覚山　自性院
（新義真言宗）
110-0001台東区谷中6-2-8
最寄駅★地下鉄根津駅

第55番　瑠璃光山　長久院
（真言宗豊山派）
110-0001台東区谷中6-2-16
最寄駅★地下鉄千駄木駅

長久院境内の句碑

長久院

西光寺の韋駄天供養碑

第49番　宝塔山　多宝院
（真言宗豊山派）
110-0001台東区谷中6-2-35
最寄駅★地下鉄千駄木駅

第63番　初音山　観智院
（真言宗豊山派）
110-0001台東区谷中5-2-4
最寄駅★地下鉄千駄木駅

多宝院

詩人立原道造の墓（多宝院）

観智院

にお参りする。本堂の前には閻魔《えんま》像の石仏がある。石仏といえばお地蔵様が多いが、閻魔様とは珍しい。すぐ裏に【第49番札所】**多宝院《たほういん》**がある。谷中霊園に入るメイン道路に面している。赤いよだれ掛けをつけた六地蔵が出迎えてくれる。本堂の扁額は山岡鉄舟が揮毫したもの。本尊の多宝如来像は奈良時代の大僧正行基の作と伝わる。境内には建築家・詩人の立原道造や洋画家小池源太郎の墓がある。また、江戸時代のこのお寺の住職がよびかけて作った「御府内八十八ヶ所大意」という本の版木が残っている。台東区の文化財に指定されている。

長久院の北にある西光寺は門前に韋駄天《いだてん》安置所とあり、藤堂家、佐竹家祈願所と書かれている。藤堂高虎が朝鮮から韋駄天神を勧請し安置したのが始まりであり、慶安年間にこの地に移る。佐竹家と藤堂家が西光寺に力を入れて韋駄天神を祀った。

さらに寺町の中を進むと【第63番札所】**観智院《かんちいん》**に着く。境内に幼稚園を併設している。本堂は木造二階建て高床式で、左側に大師堂と不動堂がある。参勤交代で江戸在府となった大名が多く崇拝する寺院であり、播磨姫路藩酒井家、三河吉田藩松平家、越後三日市藩柳沢家の菩提寺であった。関東大震災や戦災も免れた寺院である。「谷中の火除け不動」として今でも篤い信仰を集めている。

観智院の並び、三崎《さんさき》坂の高台に【第57番札所】**明王院《みょうおういん》**がある。このあたりは神田北寺町から移転してきた寺院が多い。このお寺は慶長十六年（一六一一年）に後水尾天皇の勅願寺として神田に建立され、谷中清水坂に移り、さらに現在地に移った。本堂の手前にある大師堂でお参りする。境内には昭和天皇の歌師金子薫園の墓がある。

明王院の隣に全生庵《ぜんしょうあん》がある。山岡鉄舟が開基の臨済宗のお寺だが、幕末～明治に活躍した落語家初代三

第57番 天瑞山 明王院
（真言宗豊山派）
110-0001台東区谷中5-4-2
最寄駅★JR日暮里駅

明王院

第64番 長谷山 加納院
（新義真言宗）
110-0001台東区谷中5-8-5
最寄駅★JR日暮里駅

加納院

加納院の宝篋印塔

第42番 蓮葉山 観音寺
（真言宗豊山派）
110-0001台東区谷中5-8-28
最寄駅★JR鶯谷駅

赤穂浪士の供養塔（観音寺）

風情のある築地塀

観音寺

遊亭圓朝の墓があることで有名で、八月一日の圓朝忌には多数の落語ファンがここを訪れる。

明王院と観智院の間の通りを行くと、突き当りが【第64番札所】**加納院**《かのういん》である。朱塗りの山門がひときわ目を引く。昔は「谷中の赤門」と言われたそうだ。周囲のお寺が地味なのでかなり目立つ。春先は境内のツツジが美しい。本尊は寄木造り阿弥陀如来像、脇侍は観世音菩薩と勢至菩薩である。美術的にも歴史的にも価値ある仏像である。ここも江戸の火災、関東大地震、戦災も免れているので貴重な文化遺産が残っている。

加納院の隣に【第42番札所】**観音寺**《かんのんじ》がある。お寺の周囲に巡らされた築地塀《ついじべい》は江戸の風情を感じさせる。平成四年（一九九二年）には台東区のまちかど賞を受賞している。山門の手前には「赤穂浪士四十七士ゆかりの寺」と表示されている。四十七士の近松勘六、奥田貞右衛門の兄弟がこの寺の修行僧だったことから、浪士たちにいろいろと便宜を図り、死後も慰霊したという。

境内に入ると、正面に木造の本堂がある。谷中寺町の中では最も大きいのではないだろうか。本堂の右側に赤穂浪士の供養塔があり、大師堂、観音堂と並んでいる。大師堂前の標石に、御府内八十八ヶ所巡りを発願した諦信上人の名前が刻まれている。

朝倉彫塑館の前を通り七面坂を降りると谷中銀座商店街である。狭い道の両側に商店街がありにぎやかである。商店街の中に七つの木彫り猫の像が隠れており、これを探すのが人気のイベントになっている。私も探してみたが、屋根の上の二匹はすぐ見つかったが、意外なところにあ

夕やけだんだん

与楽寺の弘法大師像

第56番 宝珠山 与楽寺
（真言宗豊山派）
114-0014北区田端1-25-1
最寄駅★JR田端駅

与楽寺

第66番 白龍山 東覚寺
（真言宗豊山派）
114-0014北区田端2-7-3
最寄駅★JR田端駅

東覚寺

ったりで結構面白かった。谷中銀座から日暮里駅へ向かうには高低差四メートル、三十六段のゆるやかな階段を上る。この階段上から谷中銀座を見下ろす風景は「夕やけだんだん」と呼ばれ、夕焼けの絶景スポットとして雑誌、テレビに何度も登場している。この階段にもたくさんの猫が集まっている。猫目当ての観光客も多いと聞いた。

谷中銀座を抜けてよみせ通りを歩く。こちらは道路幅が広く車も通るので商店街としてはやや広がり過ぎである。道灌山《どうかんやま》下通りから開成高校の裏側を歩く。田端一丁目に入り【第56番札所】**与楽寺**《よらくじ》に着いた。

ここは三代将軍家光から寺領二〇石を拝領している歴史ある寺院で、江戸時代に流行した江戸六阿弥陀詣での第四番でもあった。本尊の地蔵菩薩は弘法大師の作と伝わる秘仏だが、弘法大師が関東布教の際この地に延命地蔵を彫造し、与楽寺を建立したといわれる。この地蔵には「賊除けの地蔵」という言い伝えがある。この寺に盗賊が入ったが、大勢の僧侶が現れ盗賊を追いかえした。翌朝、地蔵菩薩の足に泥がついているのを見て、地蔵が僧侶に化けて盗賊を退治したと信じられるようになったという。

いよいよゴールが近くなった。歩き詰めているので疲れは感じない。徒歩五分で最後の寺【第66番札所】**東覚寺**《とうがくじ》に着く。入口に赤い紙が貼られた二体の仁王像がある。「赤紙仁王尊」と呼ばれている。疫病が蔓延した三代将軍家光の時代、病気の人が自分の患部と同じ場所に赤い紙を貼って祈願すれば疫病は退散し病気は平癒すると信じられた。またここは谷中七福神の福禄寿を祀る寺として有名で、地域の人々の尊崇を集めている。本堂の裏手には素晴らしい庭園がある。ここに、池に向かって釣りをしている恵比寿様の石像がある。

ここで般若心経を上げて解散した。

4日目

椎名町・高田馬場から中野・練馬まで

【11ヶ寺　全行程20キロ】

第76番　蓮華山　**金剛院**（椎名町）
第36番　瑠璃山　**薬王院**（下落合）
第85番　大悲山　**観音寺**（高田馬場）
第12番　明王山　**宝仙寺**（中野坂上）
第24番　高天山　**最勝寺**（上落合）
第58番　七星山　**光徳院**（新井薬師）
第71番　新井山　**梅照院**（新井薬師）
第48番　瑠璃光山　**禅定院**（沼袋）
第41番　十善山　**密蔵院**（沼袋）
第2番　金峰山　**東福寺**（江古田）
第15番　瑠璃密山　**南蔵院**（練馬）

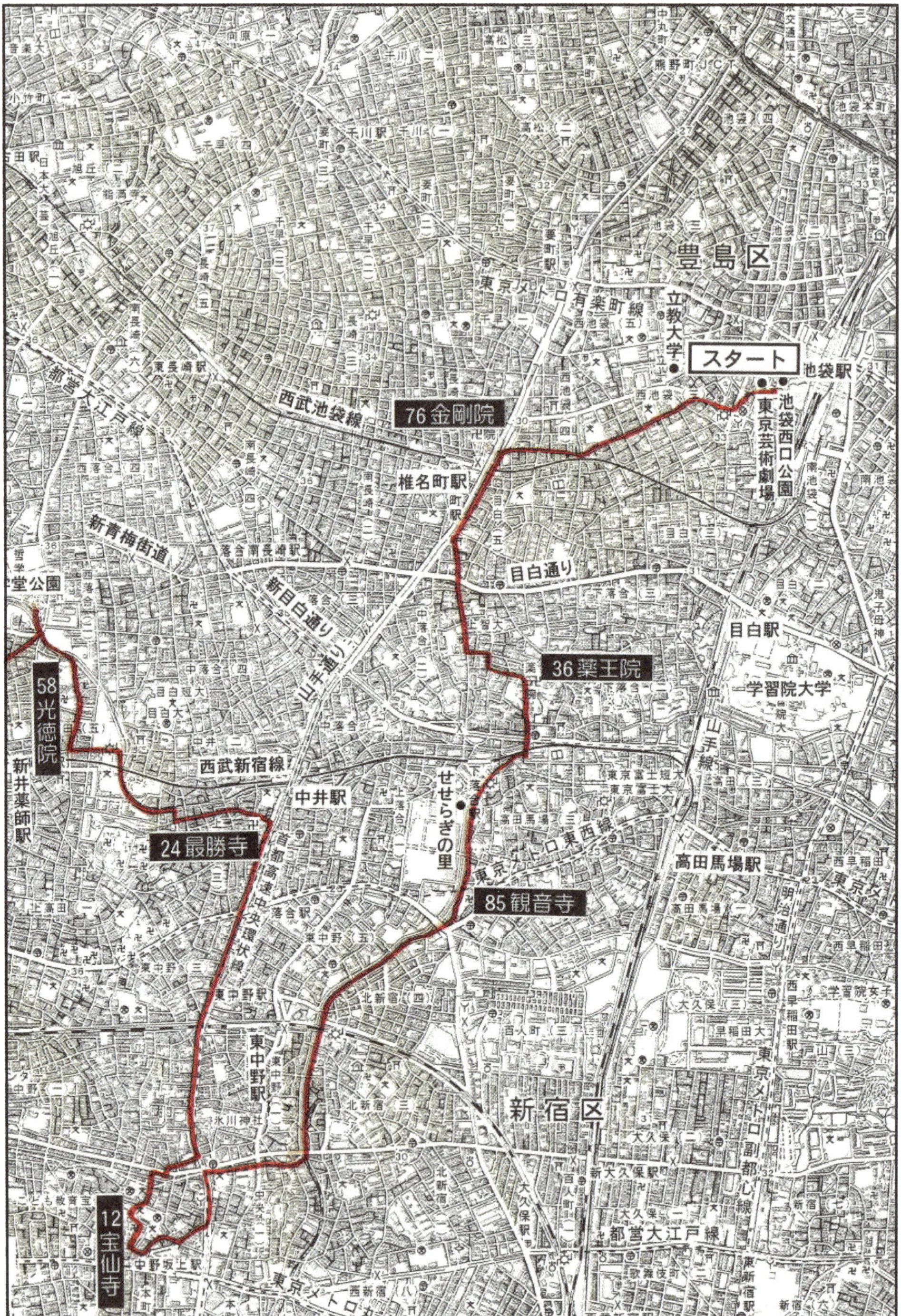
スタート
池袋駅
池袋西口公園
東京芸術劇場
立教大学
豊島区
東京メトロ有楽町線
西武池袋線
76 金剛院
椎名町駅
都営大江戸線
新青梅街道
目白通り
新目白通り
山手通り
目白駅
学習院大学
山手線
36 薬王院
58 光徳院
新井薬師駅
西武新宿線
中井駅
せせらぎの里
24 最勝寺
東京メトロ東西線
高田馬場駅
85 観音寺
首都高速中央環状線
落合駅
東中野駅
明治通り
新宿区
東京メトロ副都心線
新大久保駅
大久保駅
氷川神社
都営大江戸線
12 宝仙寺
中野坂上駅
東京メトロ丸ノ内線
東新宿駅
西武新宿駅

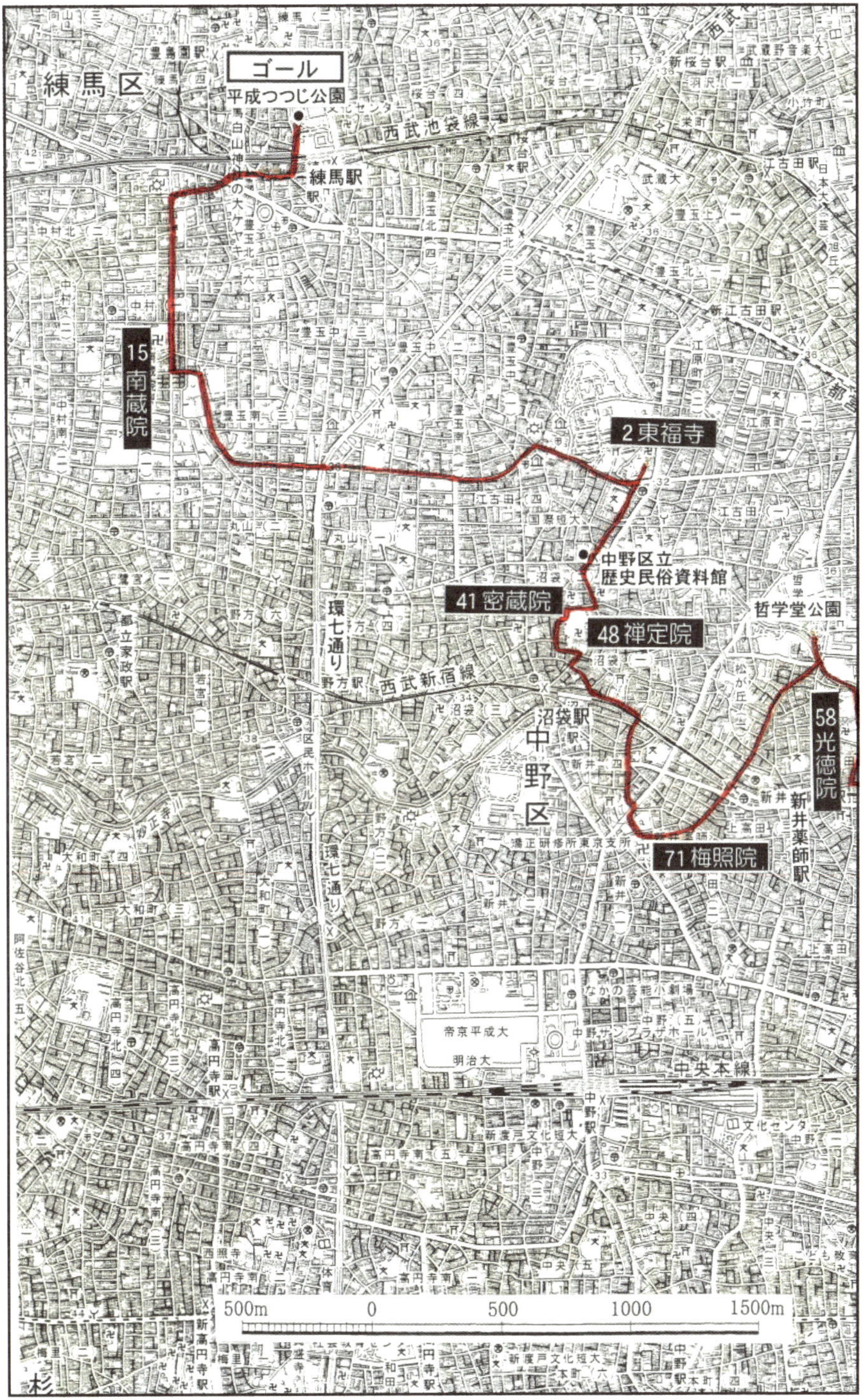

ゴール
平成つつじ公園
練馬区
練馬駅
西武池袋線
15 南蔵院
2 東福寺
中野区立
歴史民俗資料館
41 密蔵院
48 禅定院
哲学堂公園
58 光徳院
71 梅照院
中野区
環七通り
野方駅
西武新宿線
沼袋駅
新井薬師駅
帝京平成大
明治大
中央本線
高円寺駅
中野駅
500m
0
500
1000
1500m

四日目の集合場所は池袋駅西口、東京芸術劇場前の西口公園である。ここにはかつて豊島師範学校があった。毎年この時期には古本市が開かれている。おおぜいの人がテントを張ったり準備に走り回っているなかで出発式を行った。また公園内には豊島区と友好関係にあるバングラデシュの記念碑がある。ちなみに、この公園は東京オリンピック前の二〇一九年には円形の野外劇場広場に再整備されるとのことである。

今回は、豊島区の東長崎から西武池袋線、新宿線沿線の札所を回る。

立教大学方向へ進む。池袋警察署の先を左に入り、小学校、中学校を過ぎると山手通りだ。ここを渡ると西武池袋線椎名町駅に着く。

椎名町は「帝銀事件」の舞台となった地である。昭和二十三年に帝国銀行椎名町支店で発生した未解決のこの毒物殺人事件は、同時期に起きた下山事件、三鷹事件、松川事件などとともに、GHQ占領下の不可解な事件としていまだに謎に包まれている。

椎名町駅前に**【第76番札所】金剛院《こんごういん》**がある。すぐ横は都内でも有数の交通量の山手通り、そして西武線の電車と、騒がしい環境の中にあるが、山門をくぐると嘘のように静かな世界となる。朱塗りの山門は赤門と呼ばれる由緒あるもので豊島区の文化財に指定されている。金剛院は戦国時代に開創された古いお寺である。正面本堂横の庫裏と客殿は関東大震災や戦災もまぬがれた建物である。境内に「四国八十八ヶ所お砂踏み霊場」がある。弘法大師像を囲む四本の柱の下に札所の砂が収められており、これを踏みながら「南無大師遍照金剛」と唱え一周すると四国遍路したことになるという。山門右にカフェができた。総ガラス張りの洒落た店である。山門手前には不動明王を祀る小さな長崎不動尊がある。

毎回、最初の寺院では般若心経を上げることになっている。八〇名ものウォーカーの声はきっと仏様に

お砂踏み霊場（金剛院）

長崎不動尊

牡丹で有名な薬王院

第76番　蓮華山　金剛院
（真言宗豊山派）
171-0051豊島区長崎1-9-2
最寄駅★西武池袋線椎名町駅

第36番　瑠璃山　薬王院
（真言宗豊山派）
161-0033新宿区下落合4-8-2
最寄駅★西武新宿線下落合駅

届くであろう。

ここを出て山手通りを南に進む。天祖神社横の道に入り目白通りを横切る。上智大学目白聖母キャンパス、聖母病院を見ながら住宅街の狭い道をくねくねと歩く。【第36番札所】**薬王院**《やくおういん》は毎回裏門から入る。ここは牡丹《ぼたん》で有名なお寺である。高台の斜面に咲く色とりどりの牡丹を眺めながら降りた。「立てば芍薬、坐れば牡丹、歩く姿は百合の花」の言葉通り、牡丹は葉の上に座っているような花である。ここには約一千株が栽培されており、毎年四月～五月にぼたん祭が開催されている。もともと大和長谷寺《はせでら》から牡丹百株を分けてもらったのが始まりで、そのことからここは「東長谷寺」とも呼ばれている。本堂の造りも長谷寺と似ているように思える。薬王院の東側に下落合野鳥の森公園があり、鳥のさえずりが聞こえてくるのもうれしい。

薬王院を出て新目白通りを渡り西武新宿線の踏切を越える。妙正寺川を渡り右に進むと、せせらぎの里公園に着く。新宿駅西口の高層ビル街にかつてあった淀橋浄水場がこの下落合に移転し落合水再生センターになった。下水処理施設であるが、悪臭などまったくない。ここで休憩である。

今度は神田川に沿って歩く。落合中央公園、野球場を過ぎ、小滝橋の手前に【第85番札所】**観音寺**《かんのんじ》がある。御府内八十八ヶ寺の中で、唯一どの宗派にも属さない真言宗単立寺院である。山門前に大きな地蔵が立っている。境内には、「宮本武蔵」で有名な作家吉川英治の筆塚がある。

江戸幕府は地図上に「御府内」の境界を朱色の線で描いた。この朱引《しゅびき》内の境界がここで、観音寺の西側神田川の向こうは朱引の外になる。

第12番　明王山　宝仙寺
（真言宗豊山派）
164-0011中野区中央2-33-3
最寄駅★地下鉄中野坂上駅

第85番　大悲山　観音寺
（真言宗単立）
169-0075新宿区高田馬場3-37-26
最寄駅★JR・地下鉄高田馬場駅

宝仙寺

観音寺門前の地蔵

宝仙寺山門の阿吽像

宝仙寺本堂

石臼を供養する石臼塚

中野町役場跡碑

小滝橋交差点を渡り神田川に沿って歩く。神田川の散策路はとても歩きやすい。JR中央線のガードをくぐりしばらく進み、大久保通りに入り、宮下交差点を左折し山手通りを歩くと、中野区の最大寺院【第12番札所】**宝仙寺**《ほうせんじ》に着く。千年近くの歴史を持つ古刹で、江戸時代は「真言宗関東十一談林」の一つという高い寺格を持っていた。中央線沿線で最大の規模を誇る寺院である。昭和二十年の東京大空襲で伽藍は焼失し、現在の建物は戦後再建されたものである。

山門を通ると左右に仁王像と阿吽《あうん》像が見える。阿吽は仏教の呪文（真言）の一つである。梵字《ぼんじ》において阿は口を開いて最初に出す言葉、吽は口を閉じて出す最後の言葉である。それぞれ宇宙の始まりと終わりとする言葉である。狛犬《こまいぬ》、仁王、沖縄のシーサーなど一対に存在する宗教的なモチーフとされている。阿形と吽形から二人の人物の呼吸まで合わせることから阿吽の呼吸とか阿吽の仲と使われている。

本堂、大師堂、御影堂のほか、江戸六塔の一つといわれる三重塔、中野町役場跡碑、機械化により使われなくなった石臼を供養する石臼塚など見るべきものが多い。

中野は神田川に設けられた水車を利用してそば粉を挽いており、製粉の拠点だった。そこで使われていた石臼を宝仙寺の住職が集めてこの供養碑をつくった。

また教育にも力を入れており、宝仙学園には幼稚園、小学校、中学校、高等学校、短期大学、こども教育大学と一貫教育の場が揃っている。

私もこのお寺での葬儀に参列したことが何度もあるが、著名人の葬儀も多いようである。

宝仙寺を出て山手通りを北へ戻る。東中野駅を右に見ながらどんどん進む。早稲田通りを過ぎてしばらくすると**【第24番札所】最勝寺《さいしょうじ》**に着いた。ここも牡丹とツツジが真っ盛りであった。最勝寺は鎌倉時代の執権北条時頼によって開かれたといわれている。江戸時代の御府内八十八ヶ所の二十四番札所は内藤新宿の三光院だったが、明治になって大師堂が最勝寺に移された際に札所も移ったそうだ。

ここを出て妙正寺川の左岸を歩く。右手の丘の上にある目白大学を見ながらしばらく行くと**【第58番札所】光徳院《こうとくいん》**だ。慶長年間に麹町に創建されたが、その後市谷田町、牛込柳町と移転し、明治四十三年（一九一〇年）にここに移った。境内には高さ一五メートルの五重塔が建っている。平成七年落慶という新しいものだが、御府内八十八ヶ所の札所では唯一である。本尊の千手観音は菅原道真が彫ったものと伝わる。寺紋も菅原道真ゆかりの梅鉢である。六地蔵とたくさんの石仏群もある。

光徳院の裏に緑地が広がっている。その中に三井文庫がある。かつての大財閥の三井家が集めた貴重な

最勝寺の石碑

第24番　高天山　最勝寺
（真言宗豊山派）
161-0034新宿区上落合3-4-1
最寄駅★地下鉄中井駅

第58番　七星山　光徳院
（真言宗豊山派）
164-0002中野区上高田5-18-3
最寄駅★西武新宿線新井薬師駅

光徳院五重塔

光徳院の六地蔵と石仏群

禅定院の珍しい牡丹

第71番　新井山　梅照院(新井薬師)
(真言宗豊山派)
165-0026中野区新井5-3-5
最寄駅★西武新宿線新井薬師駅

禅定院「牡丹開花」の看板

梅照院本堂

第48番　瑠璃光山　禅定院
(真言宗豊山派)
165-0025中野区沼袋2-28-2
最寄駅★西武新宿線沼袋駅

資料を収蔵している施設である。

再び妙正寺川に戻り、昼食場所の哲学堂公園に向かった。ここには東洋大学が設置される計画があったが取りやめとなり、大学は白山で始まった。東洋大学の創始者井上円了は、この山の中にソクラテス、カント、孔子、釈迦を祀る四聖堂（哲学堂）を作った。公園内には哲理門、六賢台、三学亭など精神修養を目的に作られた建物がある。

食後、坂を上って新井薬師駅に出る。参道を歩いて【第71番札所】**梅照院**《ばいしょういん》**（新井薬師）**に入った。徳川秀忠の娘の眼病がこの寺院に祈願し治ったことで「目の薬師」として有名になったという。本尊は弘法大師作の秘仏で、表が薬師如来、裏が如意輪観音の二仏一体の黄金仏だそうだ。

境内を通り抜けて裏側から中野通りを歩く。西武新宿線の踏切を越えて左へ進む。沼袋駅手前の氷川神社前を通り住宅街の中を抜けると【第48番札所】**禅定院**《ぜんじょういん》に着く。樹齢六百年の銀杏の巨木がそびえている。ここも「牡丹開花」の看板が出て寺院が開放されている。突き当りの本堂の左側に牡丹園が広がる。いろいろな種類の牡丹が咲き誇っているが、今日見てきた中でもここの牡丹がナンバーワンだ。

大師堂で一礼して坂を上ると【第41番札所】**密蔵院**《みつぞういん》に着く。御府内八十八ヶ所のうち真言宗御室派に属しているのは湯島の圓満寺とこの密蔵院の二寺のみである。冠木門《かぶきもん》の山門をくぐるとすぐに本堂があり、本尊勝軍地蔵を拝める。

沼袋は寺院が多い、禅定院、明治寺、久成寺、正法寺、貞源寺、密蔵院の六ヶ寺が隣り合うように建っている。密蔵院の向かい側の久成寺は日蓮宗だが、境内も広く豪華な寺院で目立っている。

密蔵院を出て新青梅街道を渡ると中野区立歴史民俗資料館がある。ここで休憩して館内を見学した。

密蔵院本堂

第41番 十善山 密蔵院
（真言宗御室派）
165-0025中野区沼袋2-33-4
最寄駅★西武新宿線沼袋駅

中野区立歴史民俗資料館

古い醤油樽

大きな臼の展示

第2番 金峰山 東福寺
（真言宗豊山派）
165-0022中野区江古田3-9-15
最寄駅★地下鉄新江古田駅

東福寺の弘法大師像

南蔵院山門

第15番 瑠璃光山 南蔵院
（真言宗豊山派）
176-0024練馬区中村1-15-1
最寄駅★西武池袋線練馬駅

南蔵院境内之図

この資料館は中野区の文化遺産を保存、展示している施設で、宝仙寺（12番札所）にかつてあった三重塔の復元模型を見ることができる。庭に樹齢四百年の椎の木があった。古木で多くの支柱に支えられ辛うじて生きている感じだが、見事だ。資料館の外に、古い醤油樽や大きな臼が展示されている。

江古田通りを北に進むとすぐに【第2番札所】**東福寺**《とうふくじ》に着いた。鎌倉時代の創建で、弘法大師の作と伝わる不動明王が本尊である。「徳川将軍御膳所跡」の看板がある。徳川将軍家光、吉宗が鷹狩りの際の休息所となったことが記されている。かつてあった旧本堂には御成の間があったそうだ。境内の大銀杏は中野区の保存樹林第一号に指定されている。

ここから西へ進み中新井川緑道を歩く。これが結構な長さである。行けども行けどもなかなか到着しない。遊歩道と公園とが重なり子供の遊ぶ声が聞こえる。環七通りも越え、中村南一丁目を右に入ると南蔵院通りである。すぐに【第15番札所】**南蔵院**《なんぞういん》である。

南蔵院は真言宗豊山派の寺院である。江戸時代には万病に効く白龍丸を頒布した。口に投げ入れることから「南蔵院の投げ込み」と呼ばれ、明治十年に禁止されるまでは有名な薬だったようだ。

江戸時代に建立された本堂（薬師堂）、鐘楼門、梵鐘など、みどころの多い寺である。とくに赤い鐘楼の建物は歴史を感じさせ、印象的だった。
ここで最後の般若心経を上げた。最後は練馬駅前の平成つつじ公園で解散となった。

5日目

上野・浅草から本所・深川まで

【17ヶ寺　全行程21キロ】

第78番　摩尼山　**成就院**（東上野）
第60番　摩尼山　**吉祥院**（元浅草）
第45番　広幡山　**観蔵院**（元浅草）
第82番　青林山　**龍福院**（元浅草）
第51番　玉龍山　**延命院**（元浅草）
第61番　望月山　**正福院**（元浅草）
第43番　神勝山　**成就院**（元浅草）
第62番　鶴亭山　**威光院**（田原町）
第72番　阿遮山　**不動院**（田原町）
第40番　福聚山　**普門院**（亀戸）
第73番　法號山　**東覚寺**（亀戸）
第46番　萬徳山　**弥勒寺**（森下）
第50番　高野山　**大徳院**（両国）
第23番　**薬研堀不動院**（東日本橋）
第37番　瑠璃光山　**萬徳院**（門前仲町）
第74番　賢臺山　**法乗院**（門前仲町）
第68番　大栄山　**永代寺**（門前仲町）

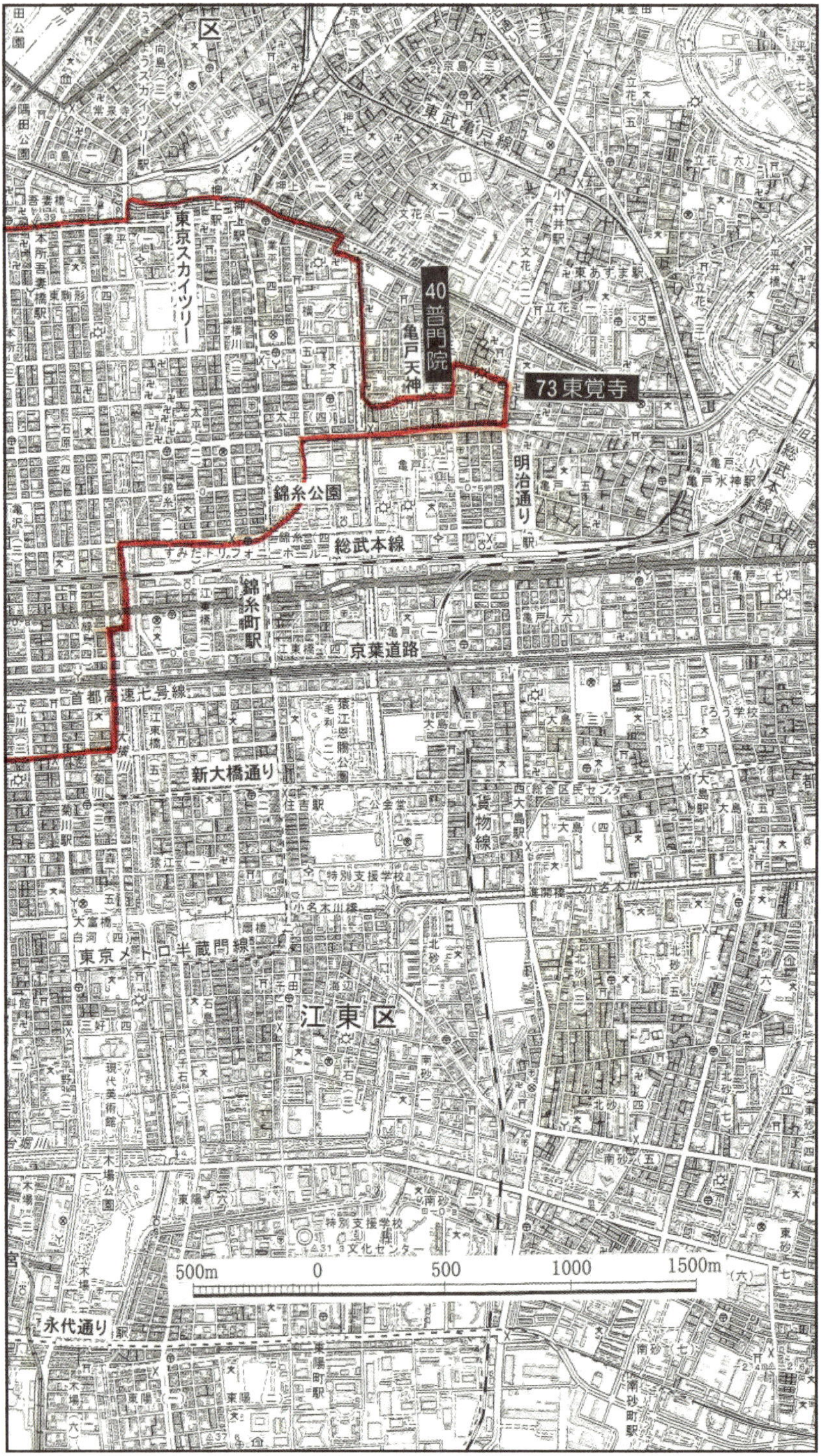

40 普門院
亀戸天神
73 東覚寺
東京スカイツリー
東武亀戸線
錦糸公園
総武本線
錦糸町駅
京葉道路
首都高速七号線
新大橋通り
明治通り
貨物線
東京メトロ半蔵門線
江東区
永代通り
亀戸水神駅
東あずま駅
小村井駅
西大島駅
大島駅
住吉駅
菊川駅
東陽町駅
南砂町駅
猿江恩賜公園
総合区民センター
特別支援学校
ろう学校
小名木川
現代美術館
木場公園
文化センター
500m 0 500 1000 1500m

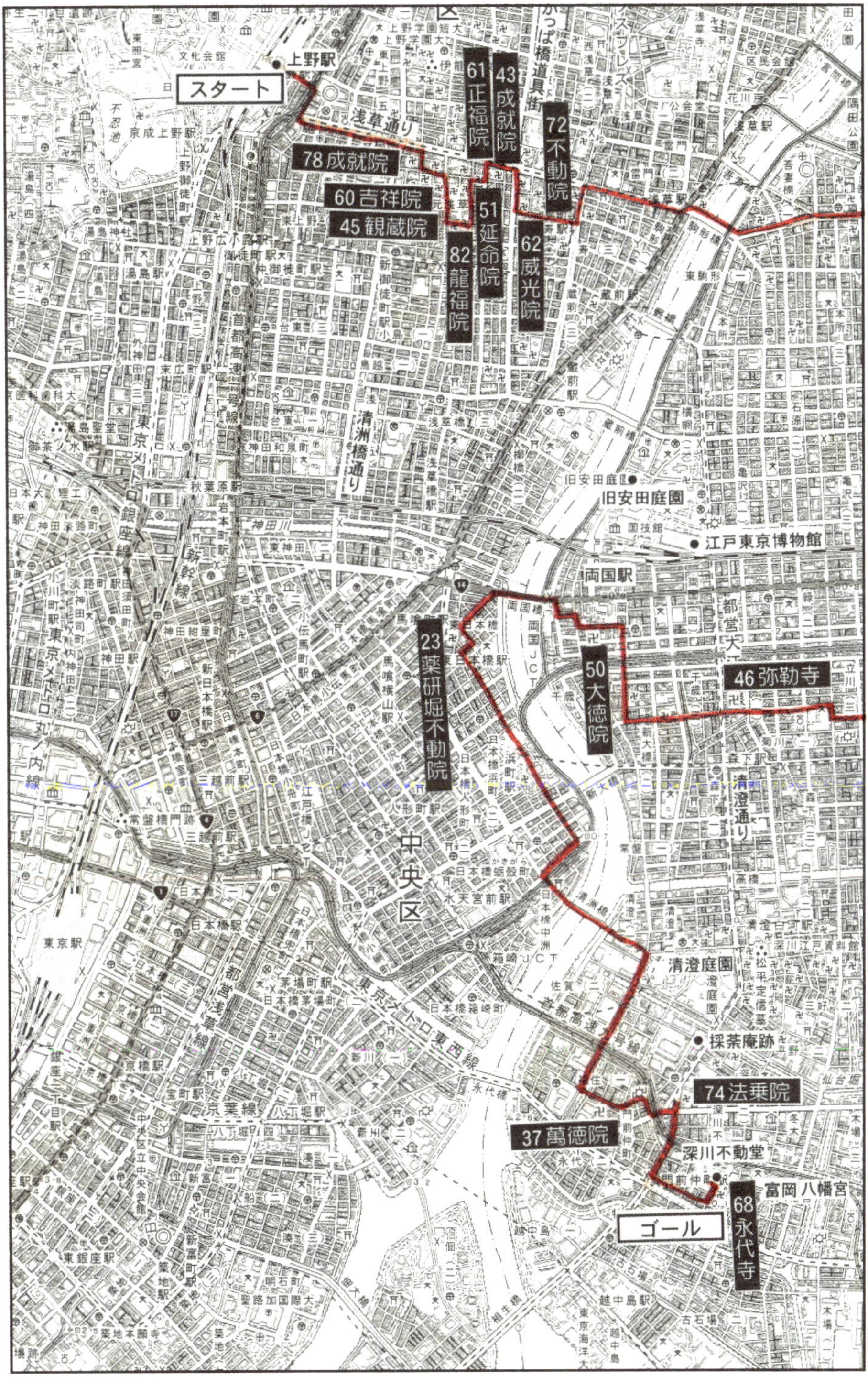
スタート
上野駅
浅草通り
78 成就院
60 吉祥院
45 観蔵院
61 正福院
43 成就院
72 不動院
51 延命院
82 龍福院
62 威光院
かっぱ橋道具街
清洲橋通り
旧安田庭園
江戸東京博物館
両国駅
23 薬研堀不動院
50 大徳院
46 弥勒寺
清澄通り
中央区
清澄庭園
採茶庵跡
74 法乗院
37 萬徳院
深川不動堂
富岡八幡宮
ゴール
68 永代寺

天気は良く今日も暑い一日となりそうである。今回の集合場所は上野駅の公園口である。

広大な上野公園には、東京国立博物館、国立科学博物館、国立西洋美術館、東京都美術館、東京文化会館などの施設や東京芸術大学のキャンパス、そして上野動物園と、平日でもたくさんの人であふれている。上野公園の敷地の大部分はかつては寛永寺だった。天台宗の別格大本山である。幕末の上野戦争の舞台となり伽藍の多くが焼失したが、現在でも十九の子院が軒を連ねる一帯は静寂な空間である。

ここから東上野地区に向かう。公園から西郷隆盛銅像を横目に上野の森桜テラスのエスカレーターを降りると上野駅不忍《しのばず》口に出る。余談だが、ＮＨＫ大河ドラマ「西郷《せご》どん」の一回目の冒頭に、西郷隆盛の銅像を見た妻が「こんな人じゃなか！」と叫ぶシーンがあった。西郷さんのイメージはこの銅像で作られてきたが、実は弟の西郷従道と従兄弟の大山巖の顔を合成したものだと言われている。本物はどんな風貌だったのだろうか。

上野公園の西郷隆盛像

ガード下をくぐって浅草通りを東に進む。東上野三丁目から元浅草にかけては寺院が多く密集している。台東区には三一六ものお寺があり、その多くは慶安年間に神田北寺町から移動させられたものだという。今回歩く東上野地区には二十七ヶ寺、元浅草地区には二十三ヶ寺と、特に多い。

右側に下谷《したや》神社が見えてきた。その先に**【第78番札所】成就院《じょうじゅいん》**がある。このあと訪れる元浅草にも同じ名前のお寺があるため下谷田中成就院と呼ばれた。田中というのは、神田北寺町からここに移ってきた頃

第78番　摩尼山　成就院
（真言宗智山派）
110-0015台東区東上野3-32-15
最寄駅★地下鉄稲荷町駅

第60番　摩尼山　吉祥院
（真言宗智山派）
111-0042台東区元浅草2-1-14
最寄駅★地下鉄稲荷町駅

成就院

吉祥院

下谷神社

は周囲が田んぼだったからだという。戦災の被害を受けなかったため、瓦葺き屋根の本堂や大師堂は戦前の木造建築の趣を残している。江戸時代は千坪以上あったということだが、いまはコンパクトでも落ち着いた気品を感じさせるお寺である。

これまた余談だが、成就院は池波正太郎「鬼平犯科帳」に登場する。「夜鷹殺し」という小編にでてくるのだが、熱心な池波ファンがこのお寺を訪れるそうだ。

ここで本日最初の般若心経を上げる。

成就院を出て清洲橋《きよすばし》通りを渡ると元浅草になる。しばらく歩くと白い塀が見えてくる。【第60番札所】**吉祥院**《きっしょういん》だ。境内に入ると、松、竹、楓などの手入れの行き届いた植栽、大きな銀杏の樹がある。木造の本堂も立派で、屋根には擬宝珠《ぎぼし》が飾られている。実に落ち着いたお寺である。参道に中興の祖普覚の供養塔がある。石塔の文字を揮毫したのは幕末の剣客山岡鉄舟である。

吉祥院の向かい側に誓教寺がある。浄土宗寺院だが、ここに江戸の浮世絵師葛飾北斎の墓がある。立ち寄ってみるのもいいだろう。

左衛門橋通りを南に歩くと【第45番札所】**観蔵院**《かんぞういん》がある。コンクリート製のモダンな建物で、個人の邸宅のような雰囲気である。ちなみに、本堂には本尊の如意輪観音像のほか、三越本店入口のライオン像を造った山田真山作の聖観音像も安置されているという。毎年訪れているが、法事などがあったりして未だ本堂に入る機会を得ていないのが残念だ。

さらに南に進むと、【第82番札所】**龍福院**《りゅうふくいん》に着く。本堂には金剛界大日如来と弘法大師、興教大師が祀られている。ここは最後の木版浮世絵師といわれた小林清親《きよちか》ゆかりの寺として知られ、境内には清親の墓

第82番　青林山　龍福院
（真言宗智山派）
111-0042台東区元浅草3-17-2
最寄駅★地下鉄新御徒町駅

第45番　広幡山　観蔵院
（真言宗智山派）
111-0042台東区元浅草3-18-5
最寄駅★地下鉄稲荷町駅

龍福院

第51番　玉龍山　延命院
（真言宗智山派）
111-0042台東区元浅草4-5-2
最寄駅★地下鉄新御徒町駅

延命院のお地蔵さん

がある。

北へ戻り元浅草四丁目に入ると【第51番札所】**延命院**《えんめいいん》がある。室町時代創建の歴史あるお寺である。当初は延寿院という名称だったが、典薬頭の延寿院道三と同名だったので元和年間に延命院と改名したそうだ。当初は七百坪という広大な敷地を有していたという。本堂には本尊大日如来とともに弁財天が祀られている。琵琶湖の竹生島《ちくぶしま》に参籠した弘法大師が弁財天を二体彫り、一つを竹生島に、もう一つをこの延命院に祀ったという。本堂左に赤いよだれかけを付けた二体のお地蔵さんが立っている。

ちなみに、元浅草には移転してきた寺が多いとすでに記したが、浅草寺周辺に以前からあった寺町と区別してこのあたりは「新寺町」と呼ばれた。それが現在は元浅草という地名になったのである。浅草通りを歩いていると、通りの両側に仏壇屋が多いのに気がつく。ここは「仏壇通り」とも呼ばれるほど仏具屋が集まっている。明暦の大火の後、寺院が移転してきて新しい寺町を形成していくとともに、職人も移住してきたということだろう。

延命院を出て北へ、右に曲がり浅草通りへ出ると【第61番札所】**正福院**《しょうふくいん》がある。今日は本堂が開放され、ご本尊金剛界大日如来を拝むことができた。このお寺に「柳稲荷」と呼ばれる祠がある。開基望月貞久の子孫が夢の中で京都伏見稲荷の神様からお告げを受け、祠を建てた。それは日本橋浜町だったが、後にここ正福院に移され、柳の下に祀られた。そこから「柳稲荷」と言われ、江戸人が多く訪れたという。

お寺にお稲荷さんの組合せは不思議ではなく、弘法大師は京都東寺にも稲荷社をつくっている。江戸では「伊勢屋、稲荷に犬の糞」という言葉があったように、どこにでもお稲荷さんはあった。庶民の身近な守り神だったのだ。

正福院

第61番 望月山 正福院
（真言宗智山派）
111-0042台東区元浅草4-7-21
最寄駅★地下鉄稲荷町駅

正福院門前の標石

第43番 神勝山 成就院
（真言宗智山派）
111-0042台東区元浅草4-8-12
最寄駅★地下鉄稲荷町駅

成就院

この近くに【第43番札所】成就院《じょうじゅいん》がある。東上野の成就院と区別するため「百観音成就院」と言われた。黒塗りの門の奥に鉄筋コンクリートの本堂がある。昭和六十二年（一九八七年）に再建された。白壁に朱色の柱が眼を引く。境内に聖観音菩薩像が建っている。台座に「百観音」と刻まれている。江戸時代には観音霊場巡りも盛んで、ここには西国三十三観音、板東三十三観音、秩父三十四観音の合計百体の観音像が並んでいたという。しかし関東大震災と東京大空襲で灰燼に帰してしまった。平成二年に篤志家によりこの聖観音菩薩像が寄進された。

菊屋橋交差点を右に曲がり新堀通りに入る。石積みの塀に囲まれているのが【第62番札所】威光院《いこういん》である。本堂はガラスのブロックをはめ込んだモダンな造りである。徳川家康の江戸入府以前の太田道灌の時代まで遡る来歴をもった寺院である。境内には供養塔、六地蔵などがある。東京大空襲の時に若い僧が本尊大日如来を抱えて逃げたため焼失をまぬがれたという逸話が残る。本堂が開かれていたので、金ぴかのご本尊を拝顔し、豪華な仏具を見せていただいた。

次いで、【第72番札所】不動院《ふどういん》へ向かった。長い築地塀が印象的である。瓦葺きの山門をくぐるとコンクリート製の本堂だ。奈良時代の良弁《ろうべん》僧正作と伝わる本尊不動明王は、肥前平戸藩松浦家の守護仏として祀られていたが、浅草の上屋敷の鬼門の方角（東北）にこの不動院があったため松浦家の祈願所となり、この像が納められたという。

寄り道になるが、新堀通りを北にまっすぐ進むと、言問通りまでの両側に合羽橋《かっぱばし》道具街がある。調理用品、厨房用品なら何でも揃うといわれている。最近では日本独特の食品サンプルがさまざまなメディアで紹介され、海外からの観光客の人気スポットになっているようだ。

威光院本堂の仏具

第62番　鶴亭山　威光院
（真言宗智山派）
111-0042台東区寿2-6-8
最寄駅★地下鉄田原町駅

威光院

第72番　阿遮山　不動院
（真言宗智山派）
111-0042台東区寿2-5-2
最寄駅★地下鉄田原町駅

かっぱ橋道具街

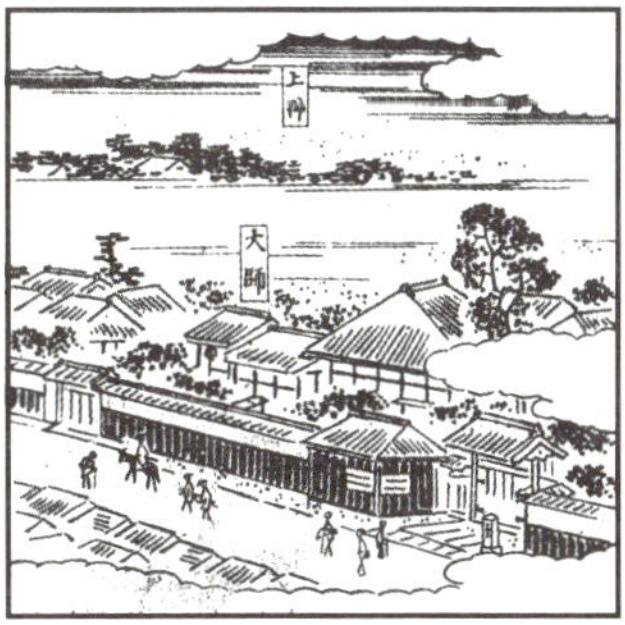

不動院

不動院を出て浅草通りを東へ駒形橋に向かった。ここで休憩する。駒形橋は関東大震災後の復興計画で造られ、昭和二年（一九二七年）に完成した。それまではここに駒形の渡し船があった。駒形橋の西側に赤い駒形堂がある。かつて浅草寺の本尊が隅田川からあがり、このお堂に祀られたという言い伝えがある。

休憩を終え、駒形橋を渡り浅草通りを東へ。そびえ立つ東京スカイツリーの下を流れる北十間川沿いの川へりを歩く。相変わらず東京スカイツリーは人気があるようだが、東京に住んでいるといつでも行けると思うからか、行ったことがないという人が意外に多い。四ツ目通りを横切った先の十間橋がスカイツリー撮影の絶好のシャッターポイントとして有名になった。川面に映るスカイツリーを撮るべくたくさんの人であふれていた。

柳島橋を右に曲がり横十間川に沿って南下する。しばらく行くと亀戸天神である。菅原道真を祀る学問の神様であり、江戸時代から藤と梅の名所として有名だった。境内には朱色の太鼓橋や神牛座像などがあり、名物のくず餅はいまでも人気がある。一年中にぎやかな神社である。

亀戸天神の境内を横切り【第40番札所】**普門院**《ふもんいん》に着いた。いつ来ても静かなお寺である。鬱蒼とした木々に覆われ、都会とは思えない静けさだ。正月だけは「亀戸七福神めぐり」の毘沙門天の寺としてたくさんの人が訪れる。創建の地は浅草の石浜だったが、亀戸に移転する際、隅田川の中に梵鐘を落としてしまい、その場所が鐘ヶ淵と呼ばれたという逸話がある。境内には、東京大空襲の犠牲者を供養する碑、小説「野菊の墓」で有名な歌人伊藤左千夫、江戸時代の力士秀ノ山雷五郎の墓所がある。

普門院を出て香取神社の横を抜け十三間通りを横切ると【第73番札所】**東覚寺**《とうかくじ》に着く。風格のある寺院で、本堂も立派である。江戸時代は「盗難除けの亀戸不動尊」として多くの信仰を集めた。ここも亀戸七

第40番　福聚山　普門院
（真言宗智山派）
136-0071江東区亀戸3-43-3
最寄駅★JR亀戸駅

川面に映る
東京スカイツリー

普門院薬師堂

普門院

第73番　法號山　東覚寺
（真言宗智山派）
136-0071江東区亀戸4-24-1
最寄駅★JR亀戸駅

福神の一つで弁財天を祀る。

東覚寺を出て蔵前橋通りを西へ進み、錦糸公園へ。ここで昼食休憩をとる。

午後は錦糸町駅前通りを西へ進み、大横川親水公園の遊歩道を南へ下る。総武線のガードをくぐり通り撞木橋跡を右へ曲り、緑四丁目南交差点を左に進む。菊川小学校を右に曲がり西へ進むと【第46番札所】**弥勒寺**《みろくじ》がある。江戸時代は新義真言宗の江戸四箇寺の一つという高い格式をもっていた。安政地震の前までは塔頭六ヶ寺及び多数の末寺を有していたという。本尊の薬師如来にはこんな伝承が残っている。水戸黄門徳川光圀が水戸藩領内の仏教寺院を取り壊した。その時川に流された薬師如来像が川を六キロも遡ったという。この像が後に弥勒寺に納められ「川上薬師」と呼ばれるようになった。

境内に徳川綱吉の治療もした杉山流鍼術《しんじゅつ》の祖杉山検校《けんぎょう》の墓がある。新按摩技術の取得教育を主眼とした世界初の視覚障碍者教育施設、杉山流鍼治導引稽古所を開設したことで知られる。またここにも東京大空襲の犠牲者三千五百名余の遺骨の納骨墓がある。

弥勒寺のあたりは「本所深川」と呼ばれたところだ。この近くの都営地下鉄菊川駅の近くには長谷川平蔵・遠山金四郎屋敷跡がある。説明するまでもないが、「鬼平」の異名をもつ火付盗賊改長官と「桜吹雪の入れ墨」の北町奉行である。

弥勒寺を出て西へ、新大橋二丁目交差点を右に曲がり首都高速道路7号小松川線の下を通り両国三丁目に入る。塩原橋で堅川を渡り左に入り回向院《えこういん》の裏に出る。ここに【第50番札所】**大徳院**《だいとくいん》がある。平成二十五年（二〇一三年）に完成した建物は地上五階、地下一階の立派なものである。エレベーターが二基あり、

弥勒寺

第46番　萬徳山　弥勒寺
（真言宗豊山派）
130-0023墨田区立川1-4-13
最寄駅★地下鉄森下駅

第50番　高野山　大徳院
（高野山真言宗）
130-0026墨田区両国2-7-13
最寄駅★JR両国駅

大徳院

江戸東京博物館

四階の本堂の仏像、仏具は眩《まぶ》しいくらい豪華だった。江戸時代の大徳院は諸国末寺触頭を務めたが、明治十八年（一八八五年）にそれらの機能を返上し、以後、眼病治癒に霊験のある「本所一ツ目の寅薬師」として信仰を集めた。関東大震災と戦災でお寺は焼失したが、本尊の薬師三尊と弘法大師像は無事だったという。

すぐ裏の回向院には江戸時代の義賊鼠小僧次郎吉や戯作者山東京伝の墓がある。忠臣蔵の敵役吉良上野介の屋敷跡もすぐそばだ。このほか両国には江戸東京博物館、相撲博物館、旧安田庭園など立ち寄りたい所が多い。

大徳院を出て両国橋に向かう。手前に「ももんじや」がある。猪肉専門の料理店で、猪が血を取るために吊るされている。江戸時代から両国広小路や麹町に猪肉専門店があったという。

両国橋を渡り柳橋通りを進むと【第23番札所】**薬研堀不動院**《やげんぼりふどういん》がある。ビルの谷間にある八角大宝塔の本堂はひときわ目を引く。古くから目黒、目白不動尊と並んで江戸三大不動尊と言われ、多くの人々の信仰を集めた。「納めの歳の市の碑」がある。十二月に行われた「歳の市」は十四日の深川八幡から始まり、二十八日の薬研堀不動院で終わったのだ。明治二十五年（一八六二年）に川崎大師平間寺《へいげんじ》の東京別院となった。

このあたりには医師の住まいが多く、薬を細かく砕く道具の薬研《やげん》からこの地名が付けられたという。順天堂の始祖佐藤泰然もオランダ医学塾をこの地に開いた。

薬研堀を出て浜町公園で休憩する。ここは熊本藩細川家の下屋敷のあったところである。隅田川の水辺の風景を見ながら体を休め、再スタートする。

第23番　薬研堀　不動院
（真言宗智山派）
103-0004中央区東日本橋2-6-8
最寄駅★地下鉄東日本橋駅

第37番　瑠璃光山　萬徳院
（高野山真言宗）
135-0034江東区永代2-37-22
最寄駅★地下鉄門前仲町駅

清澄庭園

深川江戸資料館

清洲橋を渡り隅田川沿いを歩き、大島川に沿って南へ進む。御船橋を渡ると【第37番札所】**萬徳院**《まんとくいん》の裏側に出る。萬徳院は江戸時代に「相撲寺」として知られていたお寺である。近くの富岡八幡宮で勧進相撲の興行が行われたためこのあたりに相撲部屋が多かったからである。伊勢ノ海、佐渡ヶ嶽、若松などの力士のほか立行司式守伊之助らの墓がある。

「うす暗き、相撲太鼓や、隅田川」という小林一茶句碑が残っている。

札所巡りからは外れるが、清澄通りを北へ両国方面に歩くと清澄《きよすみ》庭園がある。明治時代の実業家岩崎弥太郎邸だったところで、江戸時代は豪商紀伊国屋文左衛門の別邸だった。泉水、築山、枯山水を主体にした美しい回遊式林泉庭園は必見。またすぐ近くには深川江戸資料館がある。江戸時代の深川を再現したジオラマは時代劇の世界に迷い込んだような気持ちになる。ここも寄り道したいところだ。

清澄通りを進み首都高速9号線の下をくぐる。深川一丁目交差点を渡ると【第74番札所】**法乗院**《ほうじょういん》だ。「深川ゑんま堂」という名称のほうが知られている。新宿、浅草とともに江戸三閻魔《えんま》といわれ、歌舞伎で上演される河竹黙阿弥の傑作「髪結新三《かみゆいしんざ》」にこの閻魔堂を舞台にしたシーンがある。ここの閻魔様はちょっと変わっている。三・五メートルの坐像だが、賽銭を入れると後光が差し、お言葉が流れてくるのだ。ハイテク閻魔様と言われているそうだが、なかなかのアイデアだ。歌舞伎役者市川八百蔵、尺八の祖豊田凰憬の墓があり、仇討ちで有名な曽我兄弟の五郎の足跡石が残されている。

ここから清澄通りをちょっと北へ歩くと海辺橋の手前に採茶庵《さいとあん》跡がある。松尾芭蕉のパトロンだった俳人杉山杉風の庵室で、芭蕉の奥の細道の旅はここから出発した。芭蕉の坐像がある。

採茶庵前の芭蕉像

法乗院

第74番　賢臺山　法乗院
（真言宗豊山派）
135-0033江東区深川2-16-3
最寄駅★地下鉄門前仲町駅

第68番　大栄山　永代寺
（高野山真言宗）
135-0047江東区富岡1-15-1
最寄駅★地下鉄門前仲町駅

法乗院のハイテク閻魔様

永代寺

永代寺の子育地蔵尊

深川不動堂

富岡八幡宮

横綱力士碑

伊能忠敬銅像

法乗院を出て清澄通りを南に、門前仲町駅の方向に進む。深川不動堂の入口に本日最後の札所、【第68番札所】**永代寺**《えいたいじ》がある。永代寺は、江戸時代には本坊のほか功徳院、多聞院、般若院、吉祥院、明王院、長寿院、愛染院、東光院、海岸院、大勝院、支王院の十一の塔頭《たっちゅう》を擁した大寺院だった。しかし明治初めの神仏分離令により廃寺となり、明治二十九年（一八九六年）に塔頭の一つだった吉祥院が永代寺の名称を継いで復興した。門前仲町という地名は永代寺の門前という意味である。今は小さなお寺だが、深川不動堂の参道に門があるので参拝する人は多いようだ。

ここで最後の般若心経を上げて、深川公園でゴールとなった。

門前仲町は下町の風情がたっぷり残っている町である。永代寺の奥にある深川不動堂は成田山新勝寺の東京別院で、参道の両脇には名物深川めしなどの店が軒を連ね、にぎわっている。

またすぐ近くには富岡八幡宮がある。深川八幡祭りは神田明神、赤坂日枝神社とともに江戸の三大祭りの一つで、日本最大の神輿《みこし》がある。また江戸勧進相撲発祥の神社で、横綱力士碑をはじめ相撲関係の碑がたくさんある。神社入口に伊能忠敬の銅像が建っている。忠敬がこの近くに住んでいたことから、測量開始二百年の平成十三年に、東京都ウォーキング協会が中心となって広く浄財を募って建立した。

6日目

幡ヶ谷・烏山から日野まで

【4ヶ寺　全行程18キロ】

第11番　光明山　**荘厳寺**（幡ヶ谷）
第88番　遍照山　**文殊院**（方南町）
第3番　金剛山　**多聞院**（千歳烏山）
第25番　六所山　**長楽寺**（日野）

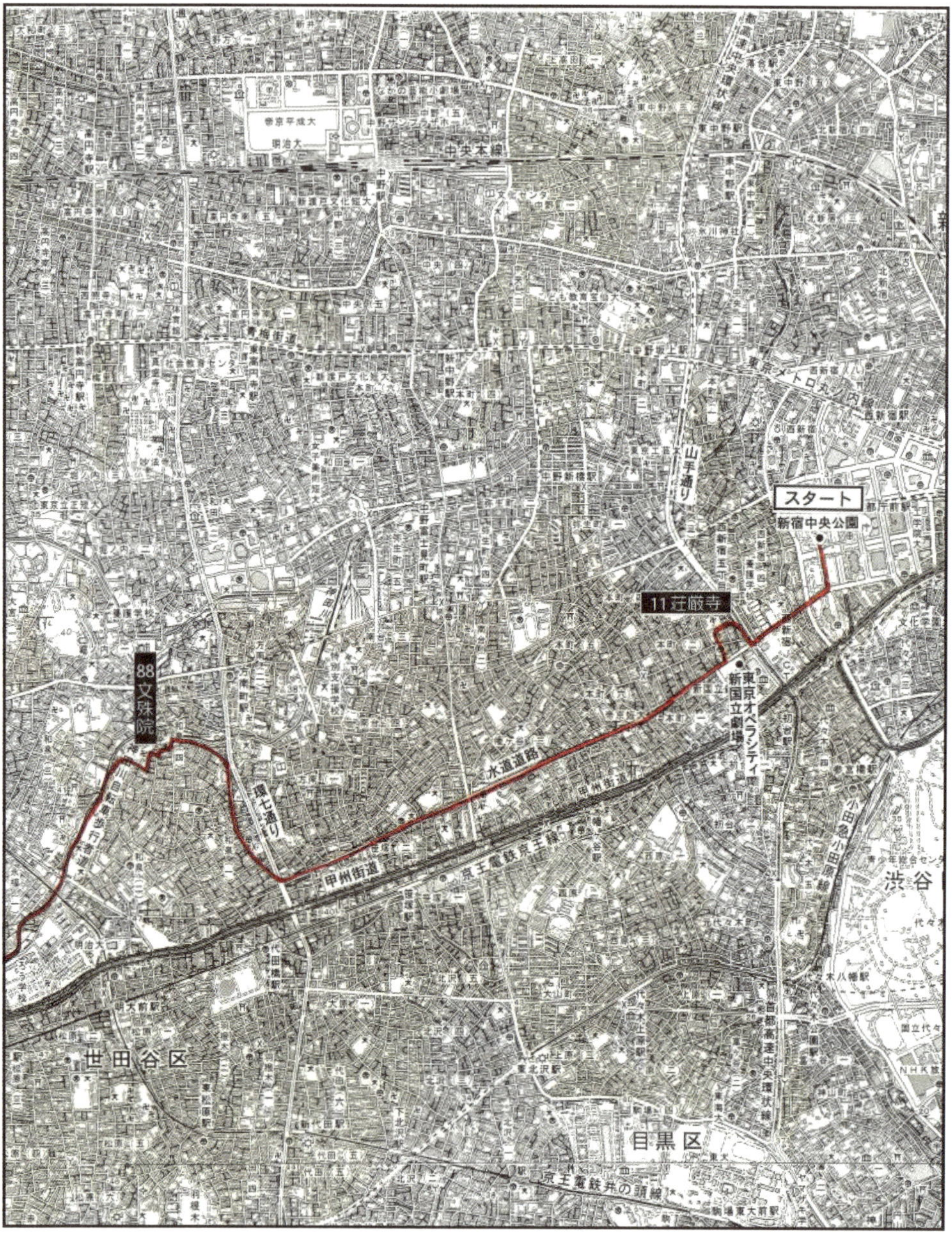
スタート
新宿中央公園
11荘厳寺
88文殊院
東京オペラシティ
新国立劇場
山手通り
水道道路
甲州街道
環七通り
青梅街道
中央本線
東京メトロ丸ノ内線
京王電鉄京王線
京王電鉄井の頭線
小田急小田原線
渋谷
世田谷区
目黒区

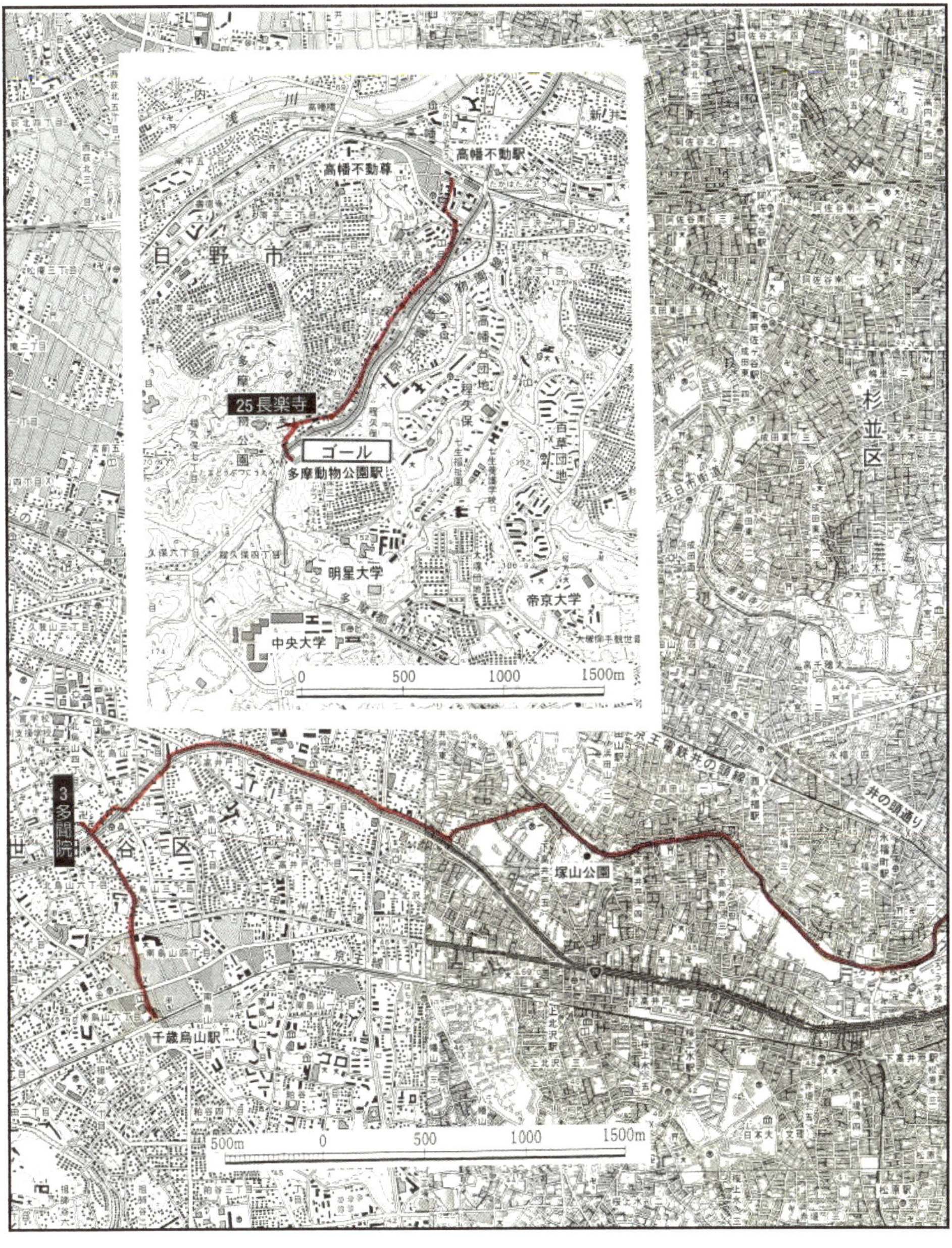

高幡不動駅
高幡不動尊
日野市
25長楽寺
ゴール
多摩動物公園駅
明星大学
帝京大学
中央大学
0 500 1000 1500m
3多聞院
世田谷区
杉並区
塚山公園
井の頭通り
千歳烏山駅
500m 0 500 1000 1500m

六日目は新宿中央公園に集合だ。ここから甲州街道沿いに西へ向かい、渋谷、杉並、世田谷の札所三ヶ寺を回り、最後に、戦後郊外の日野市に移転した長楽寺を訪ねるコースである。

西新宿四丁目から水道道路に入る。山手通りを越えて右に入ると、商店街の中央に【第11番札所】**荘巌寺**《しょうごんじ》がある。「幡ヶ谷不動尊」で有名である。門前の通りも「不動通り」とある。

新義真言宗室生寺派の寺院で、創建は戦国時代の永禄四年（一五六一年）と伝わる。本尊は薬師如来であるが、江戸時代に幡ヶ谷村の鎮守氷川神社の別当寺として幡ヶ谷不動堂を管理していたことから「幡ヶ谷不動」と呼ばれたという。不動堂に祀られている不動明王像は多摩郡宅部村（今の東大和市）の三光院から遷祀されたものである。

本堂、不動堂、大師堂と並んでいるが、いずれも東京大空襲で焼失し戦後に再建されたものである。境内には常夜灯の石灯籠がある。嘉永三年（一八五〇年）の銘、つまり黒船が来る三年前に造られたものだ。また松尾芭蕉の「暮れ遅き四谷過ぎけり紙草履」の句碑もある。荘巌寺のあるこの場所は江戸時代は角筈《つのはず》村で、朱引内ギリギリの境界にあった。

毎回恒例だが、最初の札所で般若心経を読経する。

荘巌寺を出て水道道路に戻る。通りの向かい側には東京オペラシティ、新国立劇場など現代的なビルがある。水道道路を西に進む。中野通りを過ぎ、泉南交差点を右へ環状七号線に入る。和泉一丁目交差点を渡り七号線の西側の和泉通りを北に進む。再び七号線と合流しすぐに左に入る。この辺は高台で、崖下には住宅街が見られる。

ここに【第88番札所】**文殊院**《もんじゅいん》がある。文殊院は八十八番目の札留寺である。江戸時代は麻布白金台にあり高野山総分在番所として賑わった寺院だったが、明治の廃仏毀釈で国有地となり、大正九年（一九二〇年）にここ杉並に移転してきた。元禄十六年（一七〇三年）に高野山江戸在番所高野寺が再興され御府内八十八ヶ所霊場の第一番札所となり、白金台の文殊院が第八十八番の結願所になった。小さな寺院だが、ヒマラヤ杉が一本境内の中央にそびえたつ。日本で初めて輸入された三本のうち一本が生き残り、今や大木となり周囲に威圧感を持って繁茂している。境内には四国のお砂踏み霊場があり、弘法大師像は室町時代の作で、安産守護の本尊として信仰を集めている。

文殊院を出て坂道を下り神田川に出る。神田川の左岸の道を歩く。水の量は少なく藻が発生している場所もある。左側には日大鶴ケ丘高校総合運動場、和泉小学校、中学校を過ぎ、井の頭線の下をくぐり明治大学和泉キャンパスを見ながら下高井戸おおぞら公園、下高井戸運動場を過ぎる。今回のコースは札所間の距離がかなりあるためひたすら歩くことになる。塚山公園で昼食休憩する。ここは縄文時代中期の遺跡が出たところである。昭和七年から発掘を行い土器や石器が発見され竪穴住宅跡も発見された。

休憩を終えて公園を出る。中央自動車道に沿って歩き環状八号線も横切った。久我山二丁目、北烏山二丁目から右に入ると【第3番札所】**多聞院**《たもんいん》に着いた。

多聞院は江戸時代に新宿角筈村にあった寺院で、戦災に遭い、新宿駅周辺の区画整理に伴い昭和三十年にここ千歳烏山に移転した。烏山には浅草、芝、築地などから移転してきた寺院が多く二十六ヶ寺の寺町となっているが、その中でも多聞院は最後に移転してきたとのことだ。

本堂前に石彫涅槃《ねはん》像がある。横三メートル、高さ二メートル、インド産のシーラー石を使ってインドで作られたもので、奈良の壺阪寺から寄贈されたという。また、墓地には大きな無縁墓があり、天保の大飢

第88番　遍照山　文殊院
（高野山真言宗）
168-0063杉並区和泉4-18-17
最寄駅★地下鉄方南町駅

第11番　光明山　荘厳寺
（真言宗室生寺派）
151-0071渋谷区本町2-44-3
最寄駅★京王新線初台駅

第３番　金剛山　多聞院
（真言宗豊山派）
157-0061世田谷区北烏山4-12-1
最寄駅★京王線千歳烏山駅

多聞院の石彫涅槃像

多聞院境内の石像

第25番 六所山 長楽寺
（真言宗豊山派）
191-0042日野市程久保8-49-1
最寄駅★京王線多摩動物公園駅

長楽寺の石仏群

長楽寺の鐘楼

多摩動物公園駅前

饉で餓死した五六八人を葬っている。

多聞院を出て寺町通りを千歳烏山駅に向かう。ここから次の【第25番札所】長楽寺《ちょうらくじ》へは電車を利用する。千歳烏山駅から京王線に乗り高幡不動駅で乗り換え多摩動物公園駅で降りる。御府内八十八ヶ所霊場のなかでもとくに離れた場所にある札所である。もともとは新宿角筈村にあったが、東京大空襲で焼失し、昭和三十四年（一九五九年）に多摩丘陵の一角に移転したのだ。

上野動物園と並び人気の多摩動物公園には来園者も多く、駅前も賑わっているが、休園日の水曜日は閑散としている。駅前を通り左にモノレール駅を見て右に進むとすぐに長楽寺に着く。しかしお寺は山の上にあり、緩やかだが長い坂が待ち受けている。高齢者にはきつい坂だが、石仏群を見ながら何とか力を振り絞って登り切った。丘陵の斜面を切り開いた境内には本堂、大師堂、地蔵堂、鐘楼、山門などが所狭しと並んでいる。

ここで今日の最後の般若心経を上げた。高い所にあるだけに見晴らしが良い。反対側の高い丘には明星大学、その奥に中央大学が見える。眼下にはモノレールも走っている。

読経を終わり一斉に山を下りる。入口でＩＶＶ（歩行距離認定書）が配られ今日のウォーキングが終わる。

7日目

四ッ谷・早稲田から上中里まで

【17ケ寺　全行程18キロ】

第44番　金剛山　顕性寺（四谷）
第21番　宝珠山　東福院（四谷）
第18番　独鈷山　愛染院（四谷）
第39番　金鶏山　真成院（四谷）
第83番　放光山　蓮乗院（四谷）
第22番　天谷山　南蔵院（牛込神楽坂）
第31番　照林山　多聞院（牛込柳町）
第30番　光松山　放生寺（早稲田）
第52番　慈雲山　観音寺（早稲田）
第29番　大鏡山　南蔵院（高田）
第38番　神霊山　金乗院（高田）
第54番　東豊山　新長谷寺（高田）
第35番　金剛宝山　根生院（高田）
第87番　神齢山　護国寺（護国寺）
第33番　医王山　真性寺（巣鴨）
第59番　仏法山　無量寺（西ヶ原）
第47番　平塚山　城官寺（上中里）

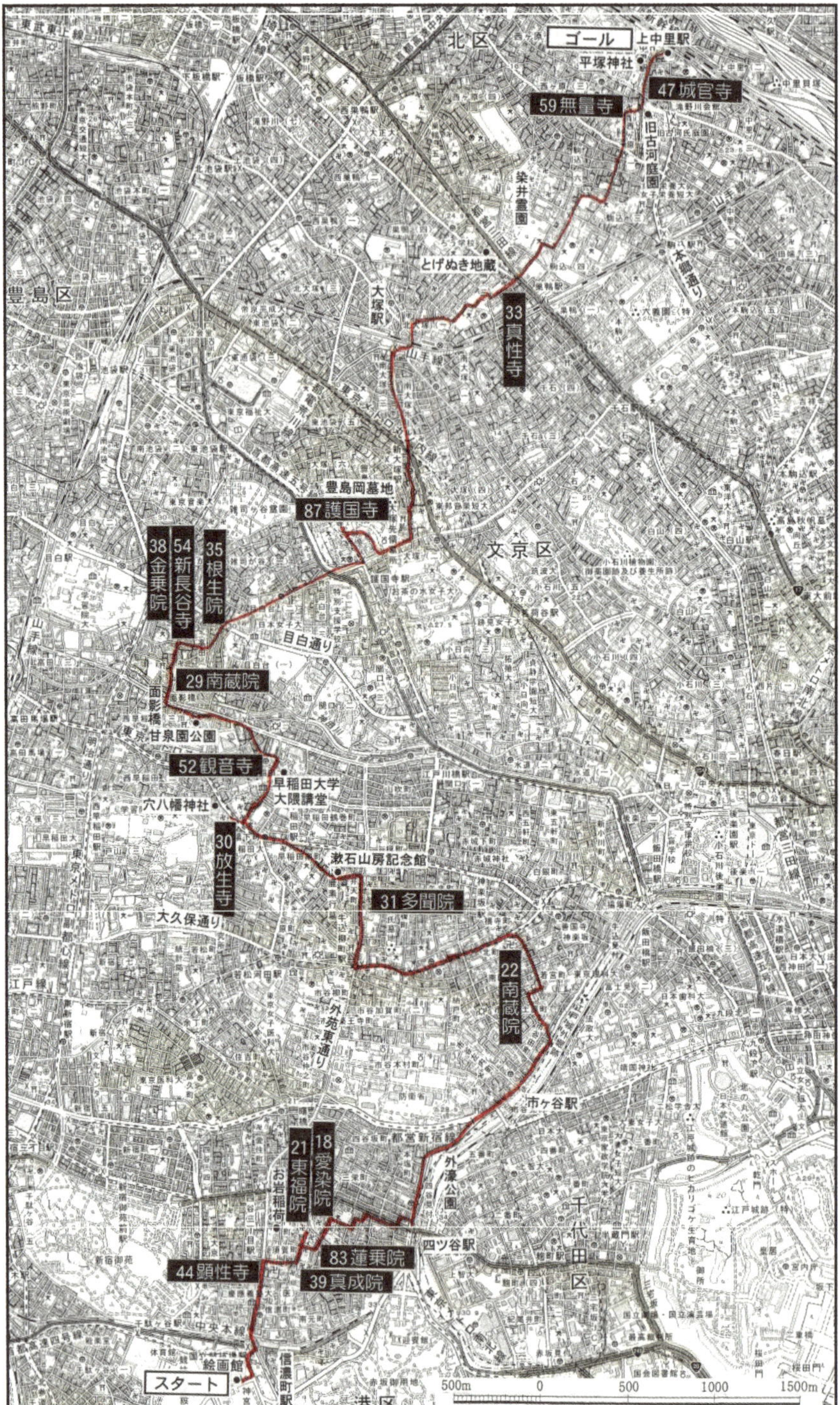
ゴール
上中里駅
平塚神社
47城官寺
59無量寺
旧古河庭園
染井霊園
とげぬき地蔵
33真性寺
北区
豊島区
大塚駅
豊島岡墓地
87護国寺
文京区
38金乗院
54新長谷寺
35根生院
目白通り
29南蔵院
面影橋
甘泉園公園
52観音寺
早稲田大学大隈講堂
穴八幡神社
30放生寺
漱石山房記念館
31多聞院
大久保通り
22南蔵院
外苑東通り
市ヶ谷駅
21東福院
18愛染院
お岩稲荷
外濠公園
千代田区
四ツ谷駅
83蓮乗院
39真成院
44顕性寺
絵画館
スタート
信濃町駅
港区
500m 0 500 1000 1500m

ＪＲ信濃町駅を降りて七日目の集合場所、神宮外苑の絵画館前に向かう。聖徳記念絵画館が正式名称で、明治天皇の生涯を描いた貴重な絵画を収蔵、展示しているが、大正十五年（一九二六年）の建設当初のままの荘厳なドーム状の建物が特徴的である。館前の広場にはいつもたくさんの人が集まっている。ここで本日のコース説明を受け、準備体操をして出発だ。

来た道を戻り、信濃町駅を過ぎ慶應義塾大学病院前を通り外苑東通りを四谷三丁目交差点へ向かう。このあたりは創価学会の関連施設が多い。

左門町を右に入ると須賀町だ。このあたりから若葉二丁目にかけての一角はかつては南寺町と呼ばれており、現在も寺院が多い。【第44番札所】**顕性寺**《けんしょうじ》は近代的な建物で、一階が庫裏、二階の本堂には外の階段から上がる。本堂には本尊の大日如来とともに「俎板大師《まないた》」と呼ばれる寺宝がある。これは長さ一メートルほどの俎板に弘法大師自らが阿弥陀如来像を彫ったという伝承からきているという。山門の左手には古びた御府内八十八ヶ所の標石がある。文久二年のものだ。

顕性寺の隣に日蓮宗本性寺がある。ここの「北向き毘沙門天」は、徳川家康が仙台の伊達政宗が謀反を起こさないよう北方の守護神としたとされている。

ちょっと北に歩くと「お岩稲荷」（於岩稲荷田宮神社）もある。鶴屋南北『四谷怪談』が歌舞伎で上演される際には、お岩さんの祟りを恐れて役者たちがここを訪れるという。

須賀神社の前から急な石段を降りる。四谷という地名が示す通り、ここは谷になっており起伏の多い土地である。再び坂を下り反対側の坂を上がると【第21番札所】**東福院**《とうふくいん》がある。東福院は大澤孫右衛門尉により麹町に創建されたが、幕府は江戸城の外堀を造るため寛永十一年（一六三四年）に、半蔵門や麹町に

第44番　金剛山　顕性寺
(真言宗豊山派)
160-0018新宿区須賀町13-5
最寄駅★地下鉄四谷三丁目駅

東福院

顕性寺

第21番　宝珠山　東福院
(新義真言宗)
160-0011新宿区若葉2-2
最寄駅★地下鉄四谷三丁目駅

豆腐地蔵(東福院)

愛染院

第18番　独鈷山　愛染院
（真言宗豊山派）
160-0011新宿区若葉2-8-3
最寄駅★JR四ツ谷駅

愛染院の鐘楼

真成院

第39番　金鶏山　真成院
（高野山真言宗）
160-0011新宿区若葉2-7-8
最寄駅★JR四ツ谷駅

真成院の延命地蔵尊

あった寺院を四谷に移転させた。このあたりに寺院が多いのはそのためである。

東福院には手首が欠けた「豆腐地蔵」がある。この手首をさすると傷や腫れ物が治るとされているが、なぜ手首がないのか。こんな言い伝えがあるという。東福院の近くの豆腐屋に買い物に来た僧が竹筒に代金を入れたところ、葉っぱに変わってしまった。僧の正体が狐か狸と思った豆腐屋はやってきた僧に包丁を振り下ろし手首を切り落としてしまった。血の跡をたどっていくと東福院の地蔵尊まで続いていた。豆腐屋は心を改め地蔵堂を寄進したという。

東福院の向かい側に【第18番札所】**愛染院**《あいぜんいん》がある。境内も広く、本堂も立派である。肥後熊本城主加藤清正の弟正済の創建で、ここも麹町から移転した寺である。愛染院には「群書類従《ぐんしょるいじゅう》」の編纂で有名な江戸時代の国学者塙保己一《はなわほきいち》の墓がある。現在の埼玉県深谷市児玉町に生まれ、子どもの頃に失明したが、江戸に出て音曲、鍼医術、国学、漢学、和歌、医学などを修め、総検校《けんぎょう》の地位まで上り詰めた人物である。埼玉の生家の前には後世に立派な墓がつくられているが、愛染院の墓は極めて質素なものである。もともとは近くの安楽寺にあったが廃寺となったため墓石のみ愛染院が引き取ったという。

もうひとり、愛染院には高松喜六の墓もある。甲州街道の宿場町内藤新宿の生みの親といわれる人である。五街道の設置により甲州街道の最初の宿場は高井戸（杉並区）とされたが、御府内からはかなり距離があった。そこで高松が尽力し、信濃高遠藩内藤家の中屋敷跡に新たな宿場を作ったのである。

愛染院を出て坂を下り谷底の道を左に進む。三つ目の角を左に坂を上がると【第39番札所】**真成院**《しんじょういん》がある。鉄筋コンクリート製八階建ての立派なお寺である。このあたりの寺院の中でもとくに目立つ。入口の前に延命地蔵尊があり屋上は仏舎利塔となっている。「四谷霊廟」という納骨堂もある。「癌かけこみ寺」

の幟《のぼり》が何本も見られる。本尊の潮干《しおひ》十一面観世音菩薩が難病治癒の霊験があると信じられているようだ。真成院は『江戸名所図会』では、「四谷の四名所の一つ」とされ、境内も広く縁日には多くの人が集まったとあるが、東京大空襲ですべて焼失してしまった。現在の建物は昭和四十六年（一九七一年）に再建されたものである。

ちょっと寄り道になるが、真成院の近くにある戒行寺は池波正太郎の『鬼平犯科帳』の主人公長谷川平蔵の菩提寺で、その先の勝興寺には幕末の首斬役山田浅右衛門の墓がある。

真成院の隣に**【第83番札所】蓮乗院《れんじょういん》**がある。このお寺の住職はウォーカーの訪問を歓迎してくれるので、毎回一同で般若心経を上げている。このお寺も江戸城外濠工事のためこの地に移転してきたが、四谷一帯は明暦の大火でも被害を受けなかった。甲州街道は万一の時、江戸城から甲府への将軍の避難路だったため、四谷周辺には忍びの者である伊賀者、甲賀者、根来《ねごろ》者などがたくさん住んでいた。

蓮乗院の向かいの浄土宗西念寺は伊賀者の頭目服部半蔵が建立した寺で、半蔵の墓と松平信康の墓がある。家康の長男でありながら武田信玄への内通の疑いで切腹させられた信康の菩提を弔うために半蔵が墓所を作ったという。

新宿通りに出て四ツ谷駅を目指す。線路沿いの道を進み外濠公園で休憩する。中央線の車中からも見える、濠に沿った細長い公園である。

公園を出てお濠端を歩き市ヶ谷見附へ。一口坂のある新見附橋で左に入り坂を上がる。四谷と市ヶ谷はその名の通り谷にあるので坂が多い。緩やかな坂を上り、住宅街の中を通り大久保通りへ出る。

地下鉄大江戸線牛込神楽坂駅近くに**【第22番札所】南蔵院《なんぞういん》**がある。木造の本堂の唐破風《からはふ》の屋根は印象的

蓮乗院

第83番 放光山 蓮乗院
（真言宗豊山派）
160-0011新宿区若葉2-8-6
最寄駅★JR四ツ谷駅

第22番 天谷山 南蔵院
（真言宗豊山派）
162-0833新宿区箪笥町42
最寄駅★地下鉄牛込神楽坂駅

南蔵院

である。その本堂の両側に近代的な庫裏と木造の聖天堂が並んでいる。このお寺も関東大震災、東京大空襲で二度焼失し再建されている。

新宿区には古い地名が数多く残っているが、南蔵院がある簞笥《たんす》町の「簞笥」とは家具ではなく、武器・武具のことである。具足奉行組、鑓《やり》奉行組などの同心屋敷が集まっていたことからその地名がついたという。牛込周辺にはこのほか、納戸《なんど》町、二十騎《にじゅっき》町、山伏《やまぶし》町、矢来《やらい》町、鷹匠《たかじょう》町、弁天《べんてん》町など歴史を感じさせる地名がある。合理的な理由だけから味気ない地名にどんどん変えられていく昨今、このあたりに来ると時間がゆっくりと動いているような気がして安心するのは私だけだろうか。

南蔵院を出て大久保通りを西へ歩く。ここから柳町までは下り坂だ。坂下の柳町交差点はかつて排気ガスと交通渋滞で有名なところだった。かつては都電13系統（角筈～万世橋）が新宿角筈まで走っていた。牛込柳町で右へ曲がり外苑東通りを歩く。晴和病院の先に【第31番札所】**多聞院《たもんいん》**がある。山門から急勾配の坂道を上ると広々とした境内に出る。近代的な庫裏の隣に木造の本堂が建っている。正等《しょうとう》大阿闍梨の供養塔があり、石碑には「御府内八十八ヶ所開基」と刻まれている。しかし第42番札所の観音寺（谷中）の標石には御府内八十八ヶ所の開基は「下総国の諦信」とある。札所寺院に残っている標石などから、御府内八十八ヶ所は宝暦年間（一七五一～六四）の初め頃の開創と推測されているが、開基については諸説あるのだろうか。

多聞院には大正時代の新劇女優松井須磨子の墓がある。師であり恋人でもあった島村抱月とともに芸術座を設立し、スターの座を手に入れたにもかかわらず、急死した抱月の後を追うように三十四歳の若さで命を絶った。墓の前には二人のために建てられた比翼塚がある。須磨子は日本演劇史を語る際には欠かせ

第31番 照林山 多聞院
（真言宗豊山派）
162-0851新宿区弁天町100
最寄駅★地下鉄牛込柳町駅

多聞院

正等大阿闍梨供養塔

ない存在である。また、江戸時代中期の平家琵琶の演奏者吉川湊一の墓もある

多聞院の隣の日蓮宗浄輪寺には江戸時代の和算家（数学者）関孝和の墓がある。幕府の勘定吟味役や新納戸組頭などを務め、従来の天元術の算木を使う方法から未知数を文字で表し筆算に直して方程式を解く方法を発見するなど、新しい方法を算出して和算を発展させた。関流算学の祖として弟子も多く養成した数学の天才である。

榎町交差点を渡り夏目漱石邸のあった公園に着く。ここには以前都営住宅があったが、旧夏目邸跡地と合わせて新宿区立漱石山房記念館として平成二十九年（二〇一七年）に開館した。漱石の書斎、客間などが忠実に再現されている。新宿は漱石の生地であり、作品を生み出した場でもあったのだ。没後百年を機

関孝和の墓

新宿区立漱石山房記念館

穴八幡神社

第30番 光松山 放生寺
（高野山真言宗）
162-0051新宿区西早稲田2-1-14
最寄駅★地下鉄早稲田駅

放生寺

に漱石への関心が高まっているのか、朝日新聞では有名な長編小説の連載も行われていた。夏目漱石記念館はロンドンにもあったが、平成二十八年（二〇一六年）に閉館している。漱石公園の北側に曹洞宗の宗参寺がある。ここには江戸時代の儒学者山鹿素行の墓がある。

夏目坂を下りて穴八幡神社へ向かった。この道は昭和二十六年から三十年にかけて市谷薬王寺の兄宅から早稲田大学への私の通学路であった。

穴八幡神社で五分ほど休憩して、神社の境内とつながっている**【第30番札所】放生寺《ほうじょうじ》**へ。高野山真言宗準別格本山という寺格の高いお寺である。明治新政府の廃仏毀釈まで放生寺は穴八幡の別当寺だった。きらびやかな朱塗りの山門をくぐると本堂脇の放生供養碑が目に入った。それによると、放生とは山や池沼に鳥や魚を放って逃がすことを意味し、食べるために日頃行っている殺生に対する供養の法会を創建以来続けているという。

本堂の向かいにある修行大師像の敷石の下が四国八十八ヶ所の「お砂踏み霊場」になっている。また隣のお堂には神変大菩薩《じんぺん》が祀られている。これは修験道の祖といわれる役小角《えんのおづぬ》のことである。役行者《えんのぎょうじゃ》といったほうがわかりやすい。山野をかけめぐって修行したことから、足腰の弱い人がお参りしている。

放生寺は「一陽来福」の寺としても知られている。冬至を表す言葉「一陽来復」がもとで、冬が終わって新しい年の春になっても「福」がくるようにと祈念して、この言葉が書かれたお札を冬至、大晦日、節分のいずれかの深夜〇時に恵方《えほう》に向けて貼るとよいのだという。

放生寺を出て交差点を渡り、早稲田大学大隈講堂へ向かう。相変わらず学生の数が多く賑やかな通りであるが、大学構内には高層の校舎が増えている。早稲田大学の塀に沿って道なりに歩くと【第52番札所】

早稲田大学大隈講堂

第52番　慈雲山　観音寺
（真言宗豊山派）
162-0000新宿区西早稲田1-7-1
最寄駅★地下鉄早稲田駅

観音寺

大田道灌の山吹の里碑

甘泉園の入口

観音寺《かんのんじ》がある。大学と住所も同じであるが、こんな所にお寺があったとは知らなかった。外観はとてもお寺とは思えないほどモダンだが、入口の恵比寿像、大黒天像がお寺らしさを感じさせる。早稲田周辺の人々の発願により菩提寺として建立されたとされ、庄屋の福田家、土地の有力者の鈴木家、岩田家などの墓所となっている。二階にある本堂へお参りする。

昼食休憩場所は甘泉園公園である。ここには徳川御三卿の一つ清水家の下屋敷があった。回遊式の大名庭園の池からの湧水がおいしかったので甘泉園と称された。明治期に相馬子爵邸、昭和初期には早稲田大学の施設となり、戦後東京都に売却され、現在は新宿区立の公園になった。ここが堀部安兵衛（中山安兵衛）の高田馬場敵討ちの舞台であり、公園の一角に記念碑が建っている。

午後は、都電荒川線を越えて神田川に架かる面影橋を渡る。面影橋には太田道灌の山吹の里碑がある。太田道灌の山吹の伝説はあちらこちらにある。道灌の父道真が隠居後余生を送った竜穏寺のある埼玉県越生町《おごせ》には山吹の里の記念公園もある。

氷川神社の前に【第29番札所】南蔵院《なんぞういん》がある。本堂の門は閉められ中には入れなかったが、石段の左右には鉢植の花が見られる。この門は以前は開けられていたが、花が持ち去られることがあってから閉められるようになったという。境内には山吹の里弁財天碑、彰義隊士の首塚、力士の墓などがある。ここは落語家三遊亭圓朝の名作「怪談乳房榎《ちぶさえのき》」ゆかりのお寺としても有名である。

この先に【第38番札所】金乗院《こんじょういん》がある。当初、中野の宝仙寺の末寺、後に護国寺の末寺となった。東京大空襲で伽藍は焼失し再建されたものだが、風格ある寺院で、本尊の聖観世音菩薩は秘仏である。ここに

金乗院

第29番　大鏡山　南蔵院
（真言宗豊山派）
171-0033豊島区高田1-19-16
最寄駅★都電面影橋駅

第38番　神霊山　金乗院
（真言宗豊山派）
171-0033豊島区高田2-12-3
最寄駅★都電学習院下駅

第54番　東豊山　新長谷寺
（真言宗豊山派）
171-0033豊島区高田2-12-3
最寄駅★都電学習院下駅

新長谷寺

宝蔵院槍の名人丸橋忠弥《まるばしちゅうや》の墓所がある。幕府転覆を企てたとして由比正雪《ゆいしょうせつ》ともに捕らえられ鈴ヶ森刑場で処刑された人物だが、河竹黙阿弥がこの事件を題材に書き下ろした『慶安太平記』が有名である。また、江戸時代の書物の蒐集家で日本の図書館の祖ともいわれる青山文蔵の墓所もある。

金乗院の境内に【第54番札所】**新長谷寺《しんはせでら》**（**目白不動尊**）がある。もとはここから一キロほど離れた関口駒井町の高台にあったが、東京大空襲ですべて焼失したため金乗院に合併された。御府内八十八ヶ所の中でここだけが一つの寺に二つの札所がある。山門を入ると右手に本尊の不動明王を祀る不動堂がある。弘法大師作と伝わる本尊は秘仏である。徳川二代将軍秀忠によって伽藍が建立された際、大和の長谷寺の本尊と同木の十一面観音像を祀ったことから新長谷寺と称したという。

密教の教えでは、地（黄色）、水（白色）、火（赤色）、風（黒色）、空（青色）の五大要素を色で表し、江戸幕府は三代将軍家光の時代に大僧正天海の建言により五ヶ所の不動尊を選び天下泰平の祈願をさせたことから「五色不動尊」と呼ばれた。新長谷寺は目白不動で、目黒不動は瀧泉寺（目黒区）、目赤不動は南谷寺（文京区）、目青不動は教学院（世田谷区）、目黄不動は永久寺（台東区）と最勝寺（江戸川区）である。どのお寺も本堂脇に不動堂があり、不動尊の目はそれぞれの色になっている。

金乗院を出て二〇〇メートル先の【第35番札所】**根生院《こんしょういん》**へ向かった。朱塗り、瓦屋根の山門が建っている。江戸時代は将軍の命によって住職が選ばれる将軍家祈願所であり、新義真言宗の触頭江戸四ヶ寺のひとつだった。神田白壁町に始まり、下谷、湯島、池之端と移転を繰り返し、現在地に移ってきたのは明治三十六年のこと。ここは田安徳川家の邸宅があったところで、池あり丘あり樹木ありで四季折々訪れる人は多かったという。戦災で焼失した堂宇は戦後再建され、現在の本堂は高床式鉄筋コンクリート造りで、

根生院

第35番 金剛宝山 根生院
（真言宗豊山派）
171-0033豊島区高田1-34-6
最寄駅★都電学習院下駅

平成十四年（二〇〇二年）に改築された。

根性院を出て坂を上り目白通りに出る。この辺も坂が多い。あえぎあえぎ登りきり、交差点を渡り不忍通りへ入る。日本女子大学の前を通り坂を下り、首都高速池袋線の下をくぐると、左手に【第87番札所】**護国寺**《ごこくじ》がある。

護国寺は境内が二万五千坪あり、都内の寺院では最大だという。五代将軍綱吉の生母桂昌院の発願により将軍家の祈願所として創建された。幕府の手厚い庇護を受けたお寺である。本尊の如意輪観世音菩薩のほか三十三体の尊像が安置され江戸の人々から観音信仰の仏様として多くの人に尊崇された。広大な境内には国指定重要文化財の本堂（観音堂）をはじめ大師堂、鐘楼、薬師堂、多宝塔、月光殿など歴史を感じさせる建物が並んでいる。明治の廃仏毀釈の際も、三条実美、大隈重信、山県有朋らの力で難を免れた。本堂の脇にはその三人の大きな墓所がある。

境内には富士塚、民謡石碑、「カラスの赤ちゃん」の歌碑もある。作詞、作曲した童謡作家の海沼実は「音羽ゆりかご会」という児童合唱団を作った。川田正子、孝子などの著名な童謡歌手を育てた合唱団で、戦後の童謡ブームの中心的役割を担い、現在も活動を続けている。

護国寺山門

第87番 神齢山 護国寺
（真言宗豊山派）
112-0012文京区大塚5-40-1
最寄駅★地下鉄護国寺駅

大師堂

本堂

六地蔵

「カラスの赤ちゃん」の歌碑

鐘楼

富士塚

多宝塔

護国寺境内の図

江戸時代の護国寺は現在の二倍の五万坪もあったが、檀家を持たないお寺だったため明治以降は経営的に苦境に陥り、東側の二万五千坪は皇族墓地とされた。これが現在の豊島岡墓地である。天皇と皇后を除く六〇名以上がここに埋葬されている。

護国寺の脇にある細い道を通り開運坂を上り春日通りに出る。地下鉄新大塚駅の前から南大塚通りに入り北へ進むとJR山手線大塚駅だ。ガードをくぐり反対側に出て大塚公園へ向かう。ここで休憩する。

ひと休みを終えて、立正佼成会の前を通り十文字高等学校の横を抜けて山手線に沿って巣鴨駅方向へしばらく歩くと**【第33番札所】真性寺《しんしょうじ》**に着いた。巣鴨地蔵通り商店街の入口にあり、大きな地蔵尊が目立つ。これは江戸六地蔵の一つで、江戸深川の地蔵坊正元が市民から広く寄付金を集め、江戸に入る街道筋に江戸を守る仏様として地蔵菩薩坐像を造立させたものである。京都の六地蔵に倣ったようだ。

巣鴨真性寺は中山道筋で、東海道は品川寺、奥州街道は東禅寺（浅草）、甲州街道は太宗寺（新宿）、水戸街道は霊巌寺（白河）、千葉街道は永代寺（富岡）である。このうち永代寺は明治の神仏分離令により廃寺となったが、明治末年に深川不動尊入口に再建された。六地蔵は病気治癒を念願して建立されたもので、どの台座にも寄進者名が刻まれている。六地蔵は江戸市民の浄財で出来た産物である。真性寺には松尾芭蕉と杉山杉風の句碑もある。

寄り道になるが、真性寺の横の商店街を進むと「とげぬき地蔵」で有名な曹洞宗高岩寺がある。いつの頃からか、このあたりが「おばあちゃんの原宿」と呼ばれるようになり、かなり賑わうようになった。テ

真性寺

第33番 医王山 真性寺
（真言宗豊山派）
170-0002豊島区巣鴨3-21-21
最寄駅★JR巣鴨駅

巣鴨地蔵通り商店街

巣鴨の塩地蔵

旧古河庭園

第59番　仏法山　無量寺
（真言宗豊山派）
114-0024北区西ヶ原1-34-8
最寄駅★JR上中里駅

第47番　平塚山　城官寺
（真言宗豊山派）
114-0016北区上中里1-42-8
最寄駅★JR上中里駅

無量寺

城官寺

平塚神社

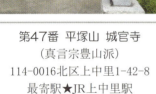

レビを見ていると高齢者のインタビュー映像はここからのものが多い。とげぬき地蔵の裏から出て中山道を渡ると染井霊園がある。二万坪の敷地に五千基の墓がある。水戸徳川家や諸大名、明治以降の政治家、文人の墓が多数ある。また、最もポピュラーな桜「ソメイヨシノ」はここ染井村の名前をとって命名されたものである。

真性寺を出たところの歩道橋の手前に最近塩地蔵が出来ている。塩で固まり雪だるまのようだ。地元商店街で建立したようだ。創価学会戸田記念講堂が左に見える。戸田とは創価学会二代会長戸田城聖のことだ。この前を過ぎ三菱スポーツセンターグランド、本郷高校を抜けて染井坂通りを西ヶ原方向へ進む。児童館の横を通り旧古河庭園の裏側を歩くと【第59番札所】**無量寺**《むりょうじ》がある。江戸時代、行基作の阿弥陀如来像を祀る六ヶ寺詣でがあり、無量寺もそのひとつだった。

無量寺は江戸時代から花で有名な寺院である。現在も境内には二千種もの植物が栽培されているという。一年中なにかしら花が咲いているそうだ。また本尊の不動明王像は、忍び込んだ盗人が金縛りになって動けなくなり翌朝捕まったことから「足止め不動」といわれている。

無量寺を出てすぐに本郷通りに出た。平塚神社が見える。その脇を少し歩くと【第47番札所】**城官寺**《じょうかんじ》に着いた。「平塚山」の扁額がかかる山門が出迎えてくれる。この文字は田中角栄元首相が書いたそうだ。

城官寺は元は浄土宗の寺院であったが、平塚神社の別当寺となった際に真言宗寺院となった。そして三代将軍家光の病気平癒を平塚神社に祈願した旗本山川城官がこの寺に入ったことから城官寺と号するようになった。また、奥医師として代々幕府に仕えていた多紀一族の墓がある。多紀氏は家康以来の将軍家の近習であり、江戸末期には幕府の医学校である医学館総裁を務めた。

ちなみに、先頃亡くなった作家内田康夫の作品の主人公浅見光彦が住んでいたのが西ヶ原。平塚神社は事件の舞台にもなったし、平塚亭の団子を食べるシーンも定番になっている。

ここが本日のゴールである。ここで最後の般若心経を上げる。

8日目

秦野

【1ヶ寺　全行程17キロ】

第77番　高嶋山　**仏乗院**（秦野）

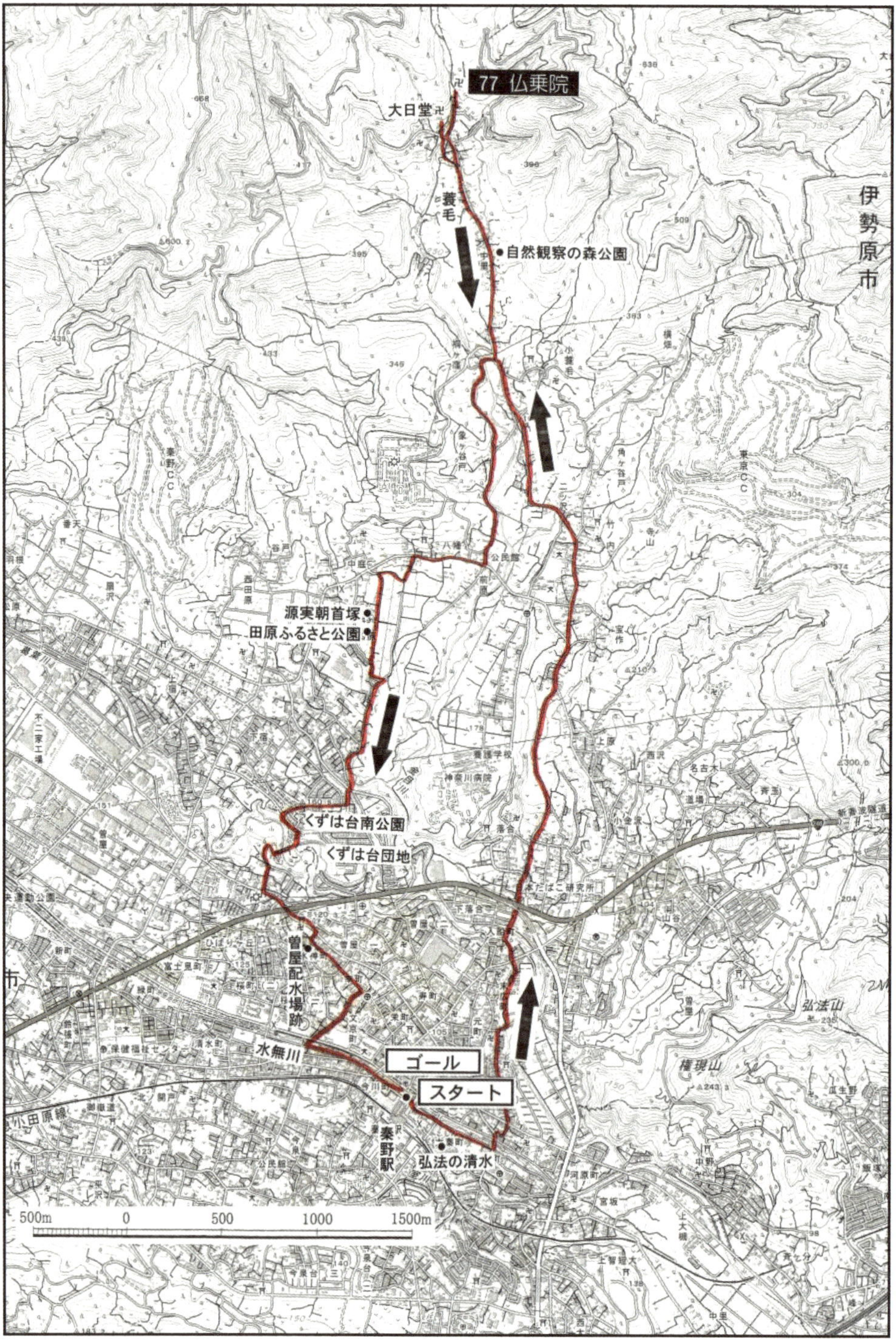
77 仏乗院
大日堂
養毛
自然観察の森公園
伊勢原市
源実朝首塚
田原ふるさと公園
くずは台南公園
くずは台団地
曽屋配水場跡
水無川
ゴール
スタート
秦野駅
弘法の清水
弘法山
権現山
500m 0 500 1000 1500m

御府内八十八ヶ所の寺院には開創時の場所から移転しているところも少なくない。今回訪れる【第77番札所】**仏乗院**《ぶつじょういん》は神奈川県秦野《はだの》市にある。創建は八丁堀だが、幕府の都市計画のため三田の寺町に移った後、昭和六十二年（一九八七年）にここに移転してきた。御府内八十八ヶ所で唯一神奈川県にある。本日のウォークはこの一ヶ寺のみである。

新宿から小田急線急行で一時間ちょっとで秦野駅に着く。小田急線は二〇一八年三月に複々線区間が増え、これからは所要時間も短くなるだろう。秦野駅前に集合して一同仏乗院へ向かう。長い緩やかな坂を約一時間かけて上った先にお寺があるため、このルートはバスの利用も黙認されており、参加者の三割近くは終点の蓑毛《みのげ》までバスを使っている。

蓑毛バス停から狭い道を少し登ると大日堂がある。大日堂は、東大寺大仏造営に尽力した行基《ぎょうき》によって開創されたといわれる。本堂は平安時代後期の作で、神奈川県重要文化財に指定されているヒノキ一本造りの大日如来像がある。この像の両脇にある四体の如来像と併せて「五智如来」と言われている。本堂の裏には生き仏としてここに眠る僧侶の墓もあった。

さらに坂を上る。この先をずっと進むと大山、丹沢へ続くヤビツ峠だ。途中に鱒《ます》釣り場があるが閑散としている。ようやく仏乗院が見えてきた。

仏乗院の入口では二体の地蔵菩薩が出迎えてくれる。ここを通る登山者の無事を願っているようにも見える。いつ来てもここには酒類がたくさん供えられている。それもカップ酒が多い。

秦野駅から歩いて登ってきた健脚組と合流した。参道も狭ければ一段高い本堂への石段も狭い。八〇人ものウォーカーで立錐の余地もないが、本堂で般若心経をあげた。都会のお寺とはどことなく趣が違い、

三田寺町にあった仏乗院

第77番 高嶋山 仏乗院
(真言宗智山派)
257-0021神奈川県秦野市蓑毛957-13
最寄駅★小田急線秦野駅

大日堂本堂

大日堂山門

仏乗院入口の地蔵菩薩

自然観察の森の水車小屋

田原ふるさと公園のそば屋

お遍路の札所らしい雰囲気がある。

　境内で休憩した後、再び登ってきた坂道を下る。水車小屋のある自然観察の森公園を過ぎ、登山道とは別の西側の道を下り、昼食場所の田原ふるさと公園に着いた。ここにはとりたての野菜や農産物の直売所もあり、食堂で野菜天ぷらそばを食べた。近くにある源実朝首塚に立ち寄る。鎌倉幕府三代将軍の実朝は鶴岡八幡宮で甥の公暁に暗殺され二十八歳の生涯を閉じた。実朝の首は秦野の豪族波多野氏によってこの地に埋葬されたという。首塚を飾っていた木造の五輪塔は現在鎌倉国宝館に収蔵されている。

　あたり一面畑の中を進むと住宅街に入る。丘陵地帯なので坂の上り下りが多い。坂の上から富士山が見える。くずは台団地を抜け、くずは台南公園に入る。公園は谷底にあるので一気に階段を降りる。公園の真ん中にある吊り橋を渡り、今度は急な坂道を上がる。さすがに登りの坂はきつい。ほかに道はないのかと考えながら歩く。

　公園を出て厚木街道を横切ると曽屋配水場跡がある。曽屋水道の浄水場があったところで、近代水道施設として全国初の登録記念物になっている。背後に丹沢山脈の豊富な水源がある地だけに、水道事業もいち早く整備されたのだろう。秦野市は全国で三番目に水道施設ができた町だという。

　さらに住宅街の中を進むと水無川に出た。以前、別のウォーキングでここに来たときは渇水期で水はなかったが、今日は水量も多い。岸辺に降りて散策路を秦野駅前へ向かった。駅前の中央橋でゴールとなり解散した。

9日目

恵比寿・大崎から大森・馬込へ

【4ケ寺　全行程14キロ】

第7番　源秀山　**室泉寺**（恵比寿）
第4番　永峯山　**高福院**（目黒）
第26番　海賞山　**来福寺**（東大井）
第8番　海岳山　**長遠寺**（馬込）

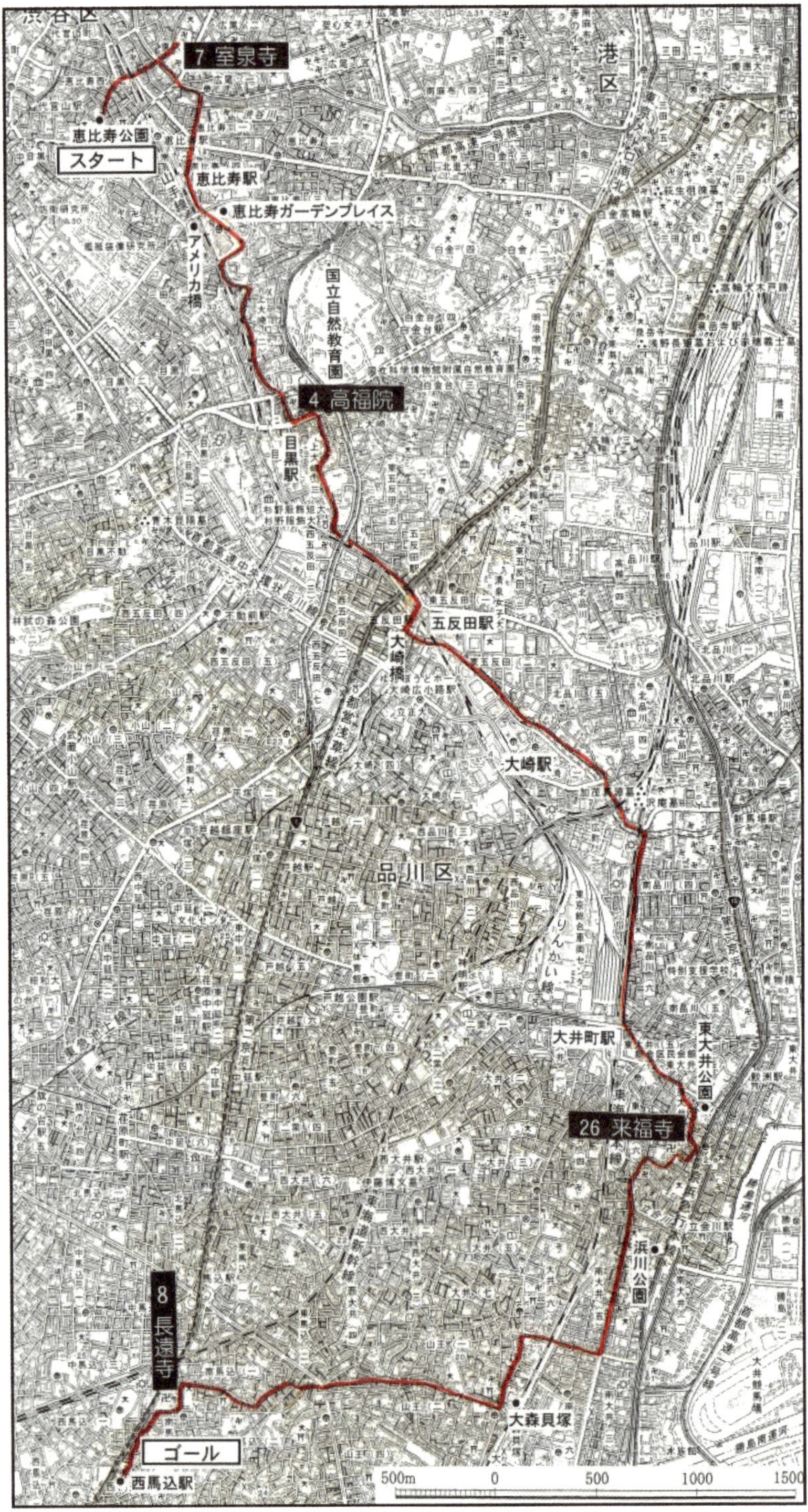
渋谷区
港区
7 室泉寺
恵比寿公園
スタート
恵比寿駅
恵比寿ガーデンプレイス
アメリカ橋
国立自然教育園
4 高福院
目黒駅
五反田駅
大崎橋
大崎駅
品川区
りんかい線
大井町駅
東大井公園
26 来福寺
浜川公園
8 長遠寺
大森貝塚
ゴール
西馬込駅
500m 0 500 1000 1500

今日は、御府内八十八ヶ所ウォークの結願《けちがん》の日である。八十八ヶ寺を九回に分けて巡るこの企画は、すべて参加すると記念品がもらえる。ＪＲ恵比寿駅を降りて集合場所の恵比寿公園に向かう。このあたりは東京でも有数のお洒落な街として人気が高い。住みたい街ランキングではトップ３の常連だ。

恵比寿公園を出てＪＲの線路をくぐり明治通りを越えると【第７番札所】**室泉寺**《しつせんじ》がある。石段を上がり瀟洒な山門をくぐり境内に入る。曲がり角のモミジが紅葉して輝いていた。本堂は白壁に朱色の柱が印象的である。境内には高野山を模した築山、地蔵堂、鐘楼、歓喜天《かんぎてん》堂などがある。歓喜天は夫婦和合、無病息災、商売繁盛のご利益があるとされる。

室泉寺はもともとは浄土真宗西本願寺派の寺院として芝金杉にあったが、五代将軍綱吉の発願で老中松平忠益が自分の下屋敷を寄進して真言宗に改宗したという。ここで一同般若心経を読経する。

来た道を恵比寿駅方向へ戻る。渋谷橋を渡り恵比寿ガーデンプレイスへの坂道を歩く。恵比寿ガーデンプレイスはサッポロビールの工場跡地を再開発して平成六年（一九九四年）に複合施設として開業したもので、サッポロビール本社のほか、ウェスティンホテル、恵比寿三越、東京都写真美術館、映画館、エビスビール記念館、レストランなどがあり、上層階はマンションになっている。敷地面積も二万五千坪と広い。恵比寿が人気の街となった要因はこの施設によるところも大きいだろう。駅

恵比寿ガーデンプレイス

アメリカ橋

室泉寺

第7番 源秀山 室泉寺
(高野山真言宗)
150-0011渋谷区東3-8-16
最寄駅★JR恵比寿駅

第4番 永峯山 高福院
(高野山真言宗)
141-0021品川区上大崎2-13-3
最寄駅★JR目黒駅

六地蔵(高福院)

高福院

からやや離れているが、動く歩道も設置されている。

ガーデンプレイスの手前にある恵比寿南橋は「アメリカ橋」といったほうがわかりやすい。一九〇四年のセントルイス万国博覧会に出展されたものを日本の国鉄（現在のＪＲ）が買い取り、鉄製のモデル橋としてここに架けたことから「アメリカ橋」と呼ばれるようになった。往年のヒットメーカー、作詞家山口洋子と作曲家平尾昌晃のコンビで山川豊が歌った「アメリカ橋」のヒットでさらに有名になった。

三田橋の手前から一気に坂を下り、山手線に沿って目黒駅へ向かった。目黒駅前を左に曲がると【第４番札所】**高福院**《こうふくいん》がある。ほとんど目黒駅前といってもよいが、住所は品川区である。その手前に誕生八幡神社がある。この神社は太田道灌が夫人の安産祈願のために建立されたもので、今でも子宝に恵まれぬ人が詣でる神社として人気がある。江戸時代、高福院はこの神社の別当寺であった。別当寺とは、神仏習合の時代に神社を管理するため置かれた寺のことをいう。

江戸時代の古地図によると、讃岐高松藩松平家の下屋敷は高福院のすぐ近く、現在の国立自然教育園の脇にあった。讃岐は弘法大師空海生誕の地であり、松平頼重の願いにより下屋敷地内に高福院がつくられたという。

神社の横の細い道を進むと、いきなり高福院本堂前の大きな灯籠が目に入ってくる。この本堂は老中水野忠邦によって建てられたものである。狭い境内には弘法大師像をはじめ数々の石塔が建っている。また、長谷川伸（時代小説家）、恩地孝四郎（版画家）、青山杉雨（書家）など著名人の墓も多い。

高福院を出て大井町を目指して歩く。山手線に沿って上大崎三丁目の坂を下り五反田駅へ向かう。このあたりにはインドネシア、マケドニア、ベラルーシなどの大使館が多い。五反田駅のガードをくぐり反対側に出る。大崎橋で休憩となった。細長い公園の前にある総菜屋のコロッケが有名で、ウォーカーはこれを食べるのが定番となった。

休憩後は目黒川に沿って歩く。左側には高層マンションが立ち並んでいる。御成橋、すずかけ歩道橋などを通り過ぎて居木橋の交差点を越えて山手線のガードをくぐる。三獄橋を渡ると第一三共製薬の大きな工場が見える。さらに東海道線のガードをくぐり線路沿いに歩く。狭い道だが大井町駅までまっすぐの道である。途中で階段を二〇段ほど登って大井町駅前へ出た。

駅前から池上通りを横切り東大井公園を過ぎると【第26番札所】**来福寺**《らいふくじ》に着いた。狭い参道を進むと瓦葺の山門（薬医門）がある。海賞山という山号に表れているように江戸時代はこの高台の麓まで海が迫っていたので海を眺められたのだろう。本堂前の庭園が見事である。本尊の延命地蔵尊は弘法大師の作といわれているが、この本尊は関東の戦乱のなかで行方不明となった。戦国時代の初め、ある僧がこの近くの源頼朝の納経塚の下からお経を読む声が聞こえたので掘り起こしたところ、一体の地蔵尊が出てきた。再び来福寺に戻され「経読《きょうよみ》地蔵」と呼ばれるようになった。また、境内には天神宮があったので天神山とも呼ばれた。境内の紅葉が綺麗だったが、この寺は桜の名所としても有名である。

来福寺を出て最後の結願寺の長遠寺を目指す。ここから約一時間歩くことになる。途中の浜川公園で昼食休憩をとる。

東海道線の下をトンネルで抜けて反対側に出ると大森貝塚がある。大森貝塚はアメリカ人動物学者エドワード・モースが明治十年（一八七七年）に横浜から東京へ向かう汽車の中から発見したもので、ここは日本考古学発祥の地といわれている。発掘調査は昭和、平成になっても続けられ、大森貝塚遺跡庭園とし

第26番 海賞山 来福寺
（真言宗智山派）
140-0011品川区東大井3-13-1
最寄駅★京浜急行立会川駅

大森貝塚遺跡庭園

第８番 海岳山 長遠寺
（真言宗智山派）
1430-0025大田区南馬込5-2-10
最寄駅★地下鉄馬込駅

八幡神社の銀杏の大木

て整備されている。

池上通りの山王口交差点を右に曲がりジャーマン通りに入る。このあたりにドイツ人の学校があったことからついた名称のようだ。山王小学校、高齢者センターを過ぎて馬込銀座交差点で環七通りを横切り住宅街の中を進む。長い坂が待っていた。坂を上りきると馬込小学校があった。この裏に【第8番札所】**長遠寺**《ちょうおんじ》がある。

長遠寺は江戸時代を思わせるような雰囲気のお寺である。平安後期の開創というからずいぶんと歴史がある。隣に八幡神社があるが、かつてはこの神社を含め十二もの神社の別当寺を務め、第26番札所の来福寺など九ヶ寺を末寺としていた。本尊は不動明王だが、行基作といわれる十一面観音像も一緒に祀られている。この観音像は元は目黒行人坂の光雲寺にあったが、明治初めに廃寺となったためここに移ったという。行基が信州戸隠山で鎌で彫ったことから「鎌作観世音」と呼ばれた。

長遠寺での結願読経

御府内八十八ヶ所巡りはここで結願となる。毎年、ここでご住職とともに般若心経をあげ、表彰式が行われる。一月から十一月まで毎月第四水曜日に行われてきたウォーク（七、八月は休み）全九回すべて参加した人には記念品が渡される。これが楽しみで毎年参加している人も少なくない。

御府内八十八ヶ所霊場一覧（札所番号順）

	寺院名	所在地		対応する四国霊場
第1番	高野山東京別院	高輪	東京都港区高輪3-15-18	霊山寺（徳島県鳴門市）
第2番	東福寺	江古田	東京都中野区江古田3-9-15	極楽寺（徳島県鳴門市）
第3番	多聞院	千歳烏山	東京都世田谷区北烏山4-12-1	金泉寺（徳島県板野町）
第4番	高福院	目黒	東京都品川区上大崎2-13-3	大日寺（徳島県板野町）
第5番	延命院	南麻布	東京都港区南麻布3-10-15	地蔵寺（徳島県板野町）
第6番	不動院	六本木	東京都港区六本木3-15-4	安楽寺（徳島県板野町）
第7番	室泉寺	恵比寿	東京都渋谷区東3-8-16	十楽寺（徳島県阿波市）
第8番	長遠寺	馬込	東京都大田区南馬込5-2-10	熊谷寺（徳島県阿波市）
第9番	龍巌寺	神宮前	東京都渋谷区神宮前2-3-8	法輪寺（徳島県阿波市）
第10番	聖輪寺	千駄ヶ谷	東京都渋谷区千駄ヶ谷1-13	切幡寺（徳島県阿波市）
第11番	荘厳寺	幡ヶ谷	東京都渋谷区本町2-44-3	藤井寺（徳島県吉野川市）
第12番	宝仙寺	中野	東京都中野区中央2-33-3	焼山寺（徳島県神山町）
第13番	龍生院	三田	東京都港区三田2-12-5	大日寺（徳島県徳島市）
第14番	福蔵院	鷺宮	東京都中野区白鷺1-31-5	常楽寺（徳島県徳島市）
第15番	南蔵院	中村橋	東京都練馬区中村1-15-1	國分寺（徳島県徳島市）
第16番	三宝寺	石神井	東京都練馬区石神井台1-15	観音寺（徳島県徳島市）
第17番	長命寺	高野台	東京都練馬区高野台3-10-3	井戸寺（徳島県徳島市）

第18番	愛染院	四谷	東京都新宿区若葉2-8-3	恩山寺(徳島県小松島市)
第19番	青蓮寺	成増	東京都板橋区成増4-36-2	立江寺(徳島県小松島市)
第20番	鏡照院	西新橋	東京都港区西新橋3-14-3	鶴林寺(徳島県勝浦町)
第21番	東福院	四谷	東京都新宿区若葉2-2	太龍寺(徳島県阿南市)
第22番	南蔵院	牛込	東京都新宿区箪笥町42	平等寺(徳島県阿南市)
第23番	薬研堀不動院	東日本橋	東京都中央区東日本橋2-6-8	薬王寺(徳島県美波町)
第24番	最勝寺	上落合	東京都新宿区上落合3-4-1	最御崎寺(高知県室戸市)
第25番	長楽寺	日野	東京都日野市程久保8-49-18	津照寺(高知県室戸市)
第26番	来福寺	立会川	東京都品川区東大井3-13-1	金剛頂寺(高知県室戸市)
第27番	正光院	元麻布	東京都港区元麻布3-2-20	神峯寺(高知県安田町)
第28番	霊雲寺	湯島	東京都文京区湯島2-21-6	大日寺(高知県香南市)
第29番	南蔵院	高田	東京都豊島区高田1-19-16	国分寺(高知県南国市)
第30番	放生寺	早稲田	東京都新宿区西早稲田2-1-14	善楽寺(高知県高知市)
第31番	多聞院	牛込	東京都新宿区弁天町100	竹林寺(高知県高知市)
第32番	圓満寺	湯島	東京都文京区湯島1-6-2	禅師峰寺(高知県南国市)
第33番	真性寺	巣鴨	東京都豊島区巣鴨3-21-2	雪蹊寺(高知県高知市)
第34番	三念寺	本郷	東京都文京区本郷2-15-6	種間寺(高知県高知市)
第35番	根生院	高田	東京都豊島区高田1-34-6	清瀧寺(高知県土佐市)
第36番	薬王院	下落合	東京都新宿区下落合4-8-2	青龍寺(高知県土佐市)
第37番	萬徳院	深川	東京都江東区永代2-37-22	岩本寺(高知県四万十町)
第38番	金乗院	高田	東京都豊島区高田2-12-3	金剛福寺(高知県土佐清水市)

第39番	真成院	四谷	東京都新宿区若葉2-7-8	延光寺(高知県宿毛市)
第40番	普門院	亀戸	東京都江東区亀戸3-43-3	観自在寺(愛媛県愛南町)
第41番	密蔵院	沼袋	東京都中野区沼袋2-33-4	龍光寺(愛媛県宇和島市)
第42番	観音寺	谷中	東京都台東区谷中5-8-28	仏木寺(愛媛県宇和島市)
第43番	成就院	元浅草	東京都台東区元浅草4-8-12	明石寺(愛媛県西予市)
第44番	顕性寺	四谷	東京都新宿区須賀町13-5	大寶寺(愛媛県久万高原町)
第45番	観蔵院	元浅草	東京都台東区元浅草3-18-5	岩屋寺(愛媛県久万高原町)
第46番	弥勒寺	本所	東京都墨田区立川1-4-13	浄瑠璃寺(愛媛県松山市)
第47番	城官寺	上中里	東京都北区上中里1-42-8	八坂寺(愛媛県松山市)
第48番	禅定院	沼袋	東京都中野区沼袋2-28-2	西林寺(愛媛県松山市)
第49番	多宝院	谷中	東京都台東区谷中6-2-35	浄土寺(愛媛県松山市)
第50番	大徳院	両国	東京都墨田区両国2-7-13	繁多寺(愛媛県松山市)
第51番	延命院	元浅草	東京都台東区元浅草4-5-2	石手寺(愛媛県松山市)
第52番	観音寺	早稲田	東京都新宿区西早稲田1-7-1	太山寺(愛媛県松山市)
第53番	自性院	谷中	東京都台東区谷中6-2-8	円明寺(愛媛県松山市)
第54番	新長谷寺	高田	東京都豊島区高田2-12-3	延命寺(愛媛県今治市)
第55番	長久院	谷中	東京都台東区谷中6-2-16	南光坊(愛媛県今治市)
第56番	与楽寺	田端	東京都北区田端1-25-1	泰山寺(愛媛県今治市)
第57番	明王院	谷中	東京都台東区谷中5-4-2	栄福寺(愛媛県今治市)
第58番	光徳院	上高田	東京都中野区上高田5-18-3	仙遊寺(愛媛県今治市)
第59番	無量寺	西ヶ原	東京都北区西ヶ原1-34-8	国分寺(愛媛県今治市)

第60番	吉祥院	元浅草	東京都台東区元浅草2-1-14	横峰寺（愛媛県西条市）
第61番	正福院	元浅草	東京都台東区元浅草4-7-21	香園寺（愛媛県西条市）
第62番	威光院	浅草	東京都台東区寿2-6-8	宝寿寺（愛媛県西条市）
第63番	観智院	谷中	東京都台東区谷中5-2-4	吉祥寺（愛媛県西条市）
第64番	加納院	谷中	東京都台東区谷中5-8-5	前神寺（愛媛県西条市）
第65番	大聖院	三田	東京都港区三田4-1-27	三角寺（愛媛県四国中央市）
第66番	東覚寺	田端	東京都北区田端2-7-3	雲辺寺（香川県池田町）
第67番	真福寺	愛宕下	東京都港区愛宕1-3-8	大興寺（香川県三豊市）
第68番	永代寺	深川	東京都江東区富岡1-15-1	神恵院（香川県観音寺市）
第69番	宝生院	三田	東京都港区三田4-1-29	観音寺（香川県観音寺市）
第70番	禅定院	石神井	東京都練馬区石神井町5-19-10	本山寺（香川県三豊市）
第71番	梅照院	新井薬師	東京都中野区新井5-3-5	弥谷寺（香川県三豊市）
第72番	不動院	浅草	東京都台東区寿2-5-2	曼荼羅寺（香川県善通寺市）
第73番	東覚寺	亀戸	東京都江東区亀戸4-24-1	出釈迦寺（香川県善通寺市）
第74番	法乗院	深川	東京都江東区深川2-16-3	甲山寺（香川県善通寺市）
第75番	威徳寺	赤坂	東京都港区赤坂4-1-10	善通寺（香川県善通寺市）
第76番	金剛院	東長崎	東京都豊島区長崎1-9-2	金倉寺（香川県善通寺市）
第77番	仏乗院	秦野	神奈川県秦野市蓑毛957-13	道隆寺（香川県多度津町）
第78番	成就院	東上野	東京都台東区東上野3-32-15	郷照寺（香川県宇多津町）
第79番	専教院	小日向	東京都文京区小日向3-6-10	天皇寺（香川県坂出市）
第80番	長延寺	三田	東京都港区三田4-1-31	國分寺（香川県高松市）

第81番	光蔵院	赤坂	東京都港区赤坂7-6-68	白峯寺(香川県坂出市)
第82番	龍福院	元浅草	東京都台東区元浅草3-17-2	根香寺(香川県高松市)
第83番	蓮乗院	四谷	東京都新宿区若葉2-8-6	一宮寺(香川県高松市)
第84番	明王院	三田	東京都港区三田4-3-9	屋島寺(香川県高松市)
第85番	観音寺	高田馬場	東京都新宿区高田馬場3-37-26	八栗寺(香川県高松市)
第86番	常泉院	春日	東京都文京区春日1-9-3	志度寺(香川県さぬき市)
第87番	護国寺	音羽	東京都文京区大塚5-40-1	長尾寺(香川県さぬき市)
第88番	文殊院	和泉	東京都杉並区和泉4-18-17	大窪寺(香川県さぬき市)

御府内八十八ヶ寺巡拝勤行次第

①　開経偈《かいきょうげ》

頭　無上甚深微妙法《むじょうじんじんみみょうほう》　唱　百千万劫難遭遇《ひゃくせんまんごうなんそうぐう》　我今見聞得受持《がこんけんもんとくじゅーじ》　願解如来真実義《がんげにょらいしんじつぎ》

②　懺悔文《さんげもん》

頭　我昔所造諸悪業《がしゃくしょぞうしょあくごう》　唱　皆由無始貪瞋痴《かいゆーむしとんじんち》　従身語意之所生《じゅうしんごいししょしょう》　一切我今皆懺悔《いっさいがこんかいさんげ》

③　般若心経《はんにゃしんぎょう》

頭　仏説摩訶般若波羅蜜多心経《ぶっせつまかはんにゃはらみたしんぎょう》

唱　観自在菩薩《かんじーざいぼーさー》　行深般若波羅蜜多時《ぎょうじんはんにゃーはーらーみーたーじ》　照見五蘊皆空《しょうけんごーうんかいくう》　度一切苦厄《どーいっさいくーやく》　舎利子《しゃーりーしー》　色不異空《しきふーいーくう》　空不異色《くうふーいーしき》

色即是空《しきそくぜーくう》　空即是色《くうそくぜーしき》　受想行識《じゅーそうぎょうしき》　亦復如是《やくぶーにょーぜー》　舎利子是諸法空相《しゃーりーしーぜーしょーほうくうそう》　不生不滅《ふーしょうふーめつ》　不垢不浄《ふーくーふーじょう》　不増不減《ふーぞうふーげん》

是故空中無色無受想行識《ぜーこーくうちゅうむーしきむーじゅーそうぎょうしき》　無眼耳鼻舌身意《むーげんにーびーぜっしんにー》　無色声香味触法《むーしきしょうこうみーそくほう》　無眼界《むーげんかい》　乃至無意識界《ないしーむーいーしきかい》　無無明《むーむーみょう》

亦無無明尽《やくむーむーみょうじん》　乃至無老死亦無老死尽《ないしーむーろうしーやくむーろうしーじん》　無苦集滅道《むーくーしゅうめつどう》　無智亦無得《むーちーやくむーとく》　以無所得故《いーむーしょーとっこー》　菩提薩埵《ぼーだいさったー》

依般若波羅蜜多故《えーはんにゃーはーらーみーたーこー》　心無罣礙無罣礙故《しんむーけーげーむーけーげーこー》　無有恐怖遠離一切顛倒夢想《むーうーくーふーおんりーいっさいてんどうむーそう》　究竟涅槃《くーぎょうねーはん》　三世諸仏《さんぜーしょーぶつ》

依般若波羅蜜多故《えーはんにゃーはーらーみーたーこー》　得阿耨多羅三藐三菩提《とくあーのくたーらーさんみゃくさんぼーだい》　故知般若波羅蜜多《こーちーはんにゃーはーらーみーたー》　是大神呪《ぜーだいじんしゅー》　是大明呪《ぜーだいみょうしゅー》　是無上呪《ぜーむーじょうしゅー》

是無等等呪《ぜーむーとうどうしゅー》　能除一切苦真実不虚《のうじょーいっさいくーしんじつふーこー》　故説般若波羅蜜多呪《こーせつはんにゃーはーらーみーたーしゅー》　即説呪曰《そくせつしゅーわつ》

羯諦羯諦《ぎゃーていぎゃーてい》　波羅羯諦《はーらーぎゃーてい》　波羅僧羯諦《はらそうぎゃーてい》　菩提薩婆訶《ぼーじーそわかー》

般若心経《はんにゃしんぎょう》

④　御宝号《ごほうごう》（三遍）

南無大師遍照金剛《なむだいしへんじょうこんごう》

⑤　回向文《えこうもん》

頭　願《ねが》くは　唱　この功徳《くどく》をもって　あまねく一切《いっさい》に及《およ》ぼし　われらと衆生《しゅじょう》と　みなともに仏道《ぶつどう》を成《じょう》ぜん

東京都ウオーキング協会「御府内八十八ヶ所霊場巡り」のあゆみ

大塚　忠克

ＮＰＯ法人東京都ウオーキング協会は、前回の東京オリンピックの年（昭和三十九年）に創設された団体で、ウォーキングの普及のため「楽しいウォーキング」をモットーに、さまざまなイベントを開催している。現在、日比谷街角ウォーク、井の頭自然ウォーク、東京十社初詣、神田川さくらウォーク、玉川ウォーク、ウィークデーウォーク、ミニウォーク、昼食楽しみ歩いてＧＯ！など定期的に実施しているもののほか、季節的な企画なども行っている。

「御府内八十八ヶ所霊場巡り」は平成十六年（二〇〇四年）から始まったので平成三十年が十五回目となる。八十八ヶ寺を九コースに分け、毎年一月から十一月の毎月第四水曜日に実施している（七、八月は実施しない）。毎回七〇〜八〇名の参加者があり、一五〜二〇キロ歩いている。

当協会では、それまでにも武蔵野百観音、秩父三十四観音などのウォーキングを実施してきたが、参加者の中に四国八十八ヶ所霊場巡りに挑戦する人が多くなってきた。そこで、四国遍路の写しとして江戸時代から行われていた御府内八十八ヶ所霊場巡りを当協会のイベントにしようと考え、準備を始めた。

図書館で資料探しをしている際、亡くなった母の供養のため、戦前に御府内八十八ヶ所霊場を歩いた女性の記録も見つけることができた。

御府内八十八ヶ所霊場はどんなところにあるのか、実際に歩いてみることにした。港区高輪の第１番

「高野山東京別院」からスタートし、第2番「東福寺」（江古田）、第3番「多聞院」（千歳烏山）、第4番「高福院」（江古田）と、四国霊場と同じように札所番号順に巡ったのだが、御府内八十八ヶ所は地域ごとにまとまっていないため、すべての寺院を回りきるのに二年の歳月を要した。

次に、地図上に八十八ヶ寺を書き入れ、これを歩いて巡るコースづくりに取り組んだ。一日の歩行距離を二〇キロ程度として、何度も試行錯誤のすえ、現在の九コースが完成した。

札所の各寺院には当協会のイベントの趣旨を説明し協力をお願いした。大勢のウォーカーが訪れることから難色を示す寺院もあったが、法事などの多い土日、祝日を避け、毎月第四水曜日に実施することとした。現在では大半の寺院からは快くご協力頂いている。

参加者の募集は毎年十二月に行っている。一日二〇キロの行程を歩くことができ、九回すべてに参加できることを条件にしている。札所寺院の多くが都心にあり、また敷地が狭いところや建て替えてビルになっているところもあるため、募集人員は八十八人を上限としている。

毎年参加するリピーターも多い。年に一回、同じ時期に同じコースを歩くわけだが、お寺そのもの、そして回りの風景が来るたびに変わっている地域もあれば、全く変わらず昔の風情が残っている地域など、東京のさまざまな姿がわかるのが楽しい。

東京都ウオーキング協会の活動紹介

人はいくつになっても健康で元気に暮らしたいものです。
「生涯現役」はまず足を丈夫にすることから。

東京都ウオーキング協会は1964年10月、東京オリンピックが開催されていた時期に誕生し、以来半世紀以上、健康と体力づくりの「楽しいウォーキング活動」を続けてきました。

現在では、自然とのふれあい、歴史の舞台散策などさまざまなウォーキングイベントを年間150回以上行う日本最大の団体になっています。

主な活動は、大会、例会、ミニウォーク、ウォーキング教室などのほか、自治体、企業、健康保険組合、福祉事業団体などの依頼によるウォーキングイベントの企画運営も行っています。

また、東京都の健康啓発事業、オリンピック・パラリンピック準備局のスポーツ振興啓発事業などにも積極的に協力し、健康ウォーク（大腸がん啓発)、ゴールドリボンウォーク（小児がん啓発)、ラングウォーク（呼吸器疾患啓発）などのイベントの運営に協力しています。

当協会の詳細はホームページをご覧ください。

★連絡先★
NPO法人東京都ウオーキング協会
101-0052東京都千代田区神田小川町2-1-9　日米商会ビル6階
TEL 03-3295-6262（10時～17時）　FAX 03-3295-6263
http://www.tokyowalking.org/　NPO.twa@gmail.com

著　者

池田 敏之（いけだ としゆき）

1932年東京都荒川区日暮里生まれ。都立西高校を経て1955年早稲田大学政治経済学部卒業、同年㈱紀伊國屋書店に入社。1997年専務取締役営業総本部長で定年退職。現在は日本ウオーキング協会、東京都ウオーキング協会、鶴ヶ島ウオーキングクラブ会員として各種イベントに参加している。著書に『平成奥の細道ウオーク記』（ぱるす出版、2014年）がある。

監修者

大塚 忠克（おおつか ただかつ）

1942年生まれ。東京電機大学卒業、フロリダ大学研修。通商産業省工業技術院、特殊法人日本電気計器検定所、千葉県施設管理センター、大学客員教授などを歴任。現在、NPO法人東京都ウオーキング協会会長。日本ウオーキング協会理事、環境省自然公園調査員も務める。

御府内《ごふない》八十八ヶ所霊場《れいじょう》ウォーク

2018年 6月22日　第1刷発行

著　者

池田《いけだ》 敏之《としゆき》

監修者

大塚《おおつか》 忠克《ただかつ》

発行所

㈱芙蓉書房出版

（代表 平澤公裕）

〒113 0033東京都文京区本郷3 3 13

TEL 03-3813-4466　FAX 03-3813-4615

http://www.fuyoshobo.co.jp

印刷・製本／モリモト印刷

ISBN978-4-8295-0738-4